I0765240

En peligro de extinción:

¡Sálvame!

Leo el Guayacán Real
"Lignum vitae"

NEFTALÍ MAIRENA

Foto de portada

Flor de Leo, el árbol de Guayacán Real, polinizada por una abeja melipona.

Agosto 21 de 2019

Neftalí Mairena

En su lanzamiento

"En peligro de extinción: ¡Sálvame!"

fue número uno en ventas

en Librería Kindle de Amazon en las categorías:

Bosques y árboles para niños

Libros ilustrados para niños

Libros de las estaciones para niños

Naturaleza para niños

Lenguaje, lingüística y redacción en español

"En la distancia podía observar a unos individuos de otra especie desconocida. […] [la] figura [de uno de ellos] tenía el aspecto de un árbol con dos ramas separadas que iniciaban en tierra, luego se unían a media altura en un tronco robusto, más arriba volvía a separarse en dos ramas delgadas dirigidas hacia abajo sin llegar al suelo, y tenía un bodoque de hojas en la parte superior. […] Al llegar a mí pude verle claramente. Era un híbrido con partes de diferentes seres del bosque: ojos que me recordaron los vivaces ojos del pizote, nariz y boca semejante a la de la ardilla, brazos, piernas largas y manos parecidas a las del mono. ¡Era realmente extraño!"

Acerca de Leo, el árbol de Guayacán Real

Este es el libro de una fascinante historia real.

He tenido la oportunidad de conocer y convivir con este ser maravilloso. Ahora mi vida gira en torno a él, pues, a diario me da motivos para cumplir con su misión y la mía.

Es imposible no amarlo. Lo digo no solo por mí, dan cuenta de ello todos los que han recibido una parte de su ser. Es el máximo ejemplo del amigo y el padre amoroso protector y productor.

Tiene la estirpe del árbol poderoso, fuerte como el diamante, razón por la cual se volvió un tesoro deseado por el hombre que lo sustrajo del bosque, eliminando casi por completo a su especie.

Escribo escuchando su voz. Él nos comparte sus vivencias, demostrándonos la tenacidad con la que se aferra a la vida, y dando el ejemplo a sus árboles hijos y a la raza humana.

En este libro es un árbol quien te habla. Un ser puro y sabio, que es niño, joven y adulto a la vez.

Su legado es mostrar a la humanidad la convicción de superar lo insuperable, devolviéndonos la esperanza. Él está haciendo posible que su especie vuelva a ostentar la gloria de tiempos pasados, porque con sus hijos **"salvará a su especie del peligro de extinción"**.

Neftalí Mairena Corea

Contenido

Presentación

"En el principio el universo estaba en una oscuridad total": así inicia el relato de nuestra llegada a la Tierra, mi ancestro, el majestuoso árbol milenario. Él continuó diciendo: "El Creador de todas las cosas movilizaba su espíritu sobre el planeta, entonces separó las aguas para formar la expansión de los cielos y la de los mares, creó la lumbrera mayor para que reinara durante el día y la menor para iluminar la noche, y luego hizo que apareciera lo seco. América del Norte y América del Sur estaban incomunicadas, y sobrevino mucha actividad volcánica y sísmica y una constante sedimentación durante millones de años, lo que hizo que se formaran y luego unieran islas que dieron origen al "Arco externo del Pacífico". Debido a que las aguas eran poco profundas y a la acción del relleno de los materiales sedimentarios emergieron las primeras tierras de la América Central, dando lugar a la formación de la Península de Santa Elena, localizada en La Cruz Guanacaste en Costa Rica. Los acantilados de esta Península exhiben las rocas más antiguas provenientes del fondo marino. En esta costa Pacífico Norte de tierras calcáreas se originó el ambiente ideal para que Dios, en el tercer día, instalara aquí y para siempre a nuestra especie, los árboles de Guayacán Real. Durante miles de años nos reprodujimos naturalmente reinando en presencia y cantidad. Después Dios creó al hombre y a la mujer, y les dio órdenes de aprovechamiento y cuidado de las especies. Otros miles de años convivimos de manera armoniosa: la humanidad, la fauna y la flora. Gran cantidad de árboles de Guayacán Real superábamos la edad de mil años. Formamos una sólida comunidad con árboles ancianos sabios, árboles adultos fértiles, árboles jóvenes vigorosos, árboles adolescentes inquietos y árboles infantes ávidos de conocimiento: un clan perfecto. Los primeros humanos que poblaron América aprovecharon de manera responsable nuestros componentes: las hojas, la corteza, la madera, el fruto y el aceite natural contenido en nuestra madera. Pero tanta paz y felicidad no podían durar para siempre. A finales del siglo XV recibimos la visita de hombres diferentes. Venían en grandes embarcaciones procedentes de mar adentro, hablaban otro idioma y daban mucha importancia a los bienes materiales. Ellos estudiaron minuciosamente la forma en que los indígenas americanos aprovechaban sus recursos. Fue un "bum" cuando conocieron las bondades curativas de nuestra especie. Era tal el efecto sanador que aportábamos a las personas, que nos elevaron al rango de "árbol santo". Entonces tramaron un plan para sacarnos de tierra y llevarnos en sus barcos al otro extremo del mundo. A partir de ese momento nada les detuvo para que talaran los más grandes, fuertes y viejos árboles de Guayacán Real, pues, nuestra madera después de cientos de años alcanza los niveles de petrificación, porque contiene el verdadero *Lignum vitae*, cuyo aceite de guayacol llegaría a ser instantáneamente el mayor tesoro encontrado en América, la poción mágica que salvaría a la raza humana".

El árbol sabio hizo una pausa, suspiró profundamente, y con un gesto de dolor finalizó diciendo lo que nunca olvidaré:

"En el siglo XVI vivimos la más cruel depredación de nuestra especie, llevándonos hasta el límite del peligro de extinción… Porque fuimos utilizados para curar la epidemia de sífilis en el mundo".

Esta es la primera carga en mi chip, es la primera información en el ADN de cada árbol de Guayacán Real. Hoy microscópicamente aparezco en este mundo, y el milagro de la vida se hace presente en mí. Ahora te contaré mi historia. Soy Leo, el árbol de Guayacán Real.

Capítulo 1

La concepción

Mi linaje inicia en el tercer día de la Creación, el hilo de mi herencia existe desde entonces. Millones de millones de células antecedieron a mi primera célula.

Desde el patriarca inicial y la puesta en marcha de su período reproductivo, año con año, multiplicado por siglos, se fueron generando magníficos ejemplares que colonizaron estas tierras.

Durante la época de mayor gloria vivimos los ingratos holocaustos que nos dejaron al límite del peligro de extinción. Entre los pocos árboles que lograron sobrevivir en La Cruz Guanacaste en Costa Rica, llegó a haber un árbol alto, fuerte, joven y reproductivo, de aproximadamente dos siglos de edad. Él fue mi autor genético. Cuarenta años después yo lo bautizaré con el nombre "Andrés", mi padre.

En el tiempo de Dios, en una de las flores de mi padre se posó una abeja melipona para degustar y recolectar el néctar. La estructura de la flor fue ingeniosamente diseñada para que la abeja en su ruta de búsqueda de alimento recoja, lleve, y ubique en el lugar indicado la materia prima para el inicio de mi ciclo de vida. La abeja planeó su vuelo rozando los "estambres de la flor" que se asemejan a cerillas, porque tienen una base larga muy delgada y en la parte superior un bodoque de color amarillo, "la antera", la cual contiene el polen que se adhirió a su cuerpo. El objetivo de la abeja es el estigma, ubicado en el centro de la flor, propiamente en el área superior del pistilo, y rodeado por diez estambres. El estigma es la puerta de ingreso al interior de la flor, y contiene las células productoras del tesoro que busca la abeja, sus deliciosos azúcares. Al llegar ahí la abeja se dio un festín, y en agradecimiento depositó en el estigma una preciada carga de polen.

Con el tiempo, los prodigiosos jugos del néctar y las condiciones ideales del medioambiente provocaron los cambios microscópicos que dicta el manual de procedimientos para llevar al polen hasta su germinación. Mi primera parte masculina la aportó el polen, el cual una vez germinado dejó atrás el estigma e inicia un viaje a través del "estilo de la flor" que está ubicado en el interior del pistilo. El estilo, como un tobogán gigante facilitó la ruta en la que se deslizaron y bajaron las células masculinas para que lleguen a encontrarse al final del recorrido con el "óvulo de la flor": mi otra mitad femenina. Puedo imaginar a muchas mitades de mi "yo" microscópicos bajando desenfrenadamente, compitiendo en forma divertida, empujándose, haciendo trampa unos a otros en busca de nuestra alma gemela. En el instante del choque el tiempo echó a andar. El encuentro de los sexos hizo que ocurriera el milagro de la vida y llegara a ser "yo".

Tras una serie de perfectos procesos biológicos se formó mi semilla, a partir de entonces comienzo a tener conciencia.

Capítulo 2

¡Estoy vivo!

Julio, 1977

Como si fuera ayer, recuerdo mi primer aliento de vida. Cuando instantáneamente de la nada me pregunté:

–¿Dónde estoy?

¡Bum, bum! ¡Bum, bum! ¡Bum, bum! (suenan débiles pulsaciones):

–¿qué es ese sonido?

De súbito caigo en un sueño profundo sin poder contenerlo, pues, soy un embrión dentro de la semilla de un árbol de Guayacán Real.

Treinta días después un fuerte sonido me despierta, ¡crac!... En un segundo paso de una total oscuridad a ver una tenue luz de color rojo. Sí, la cáscara seca que contiene mi semilla se ha abierto, y mi cubierta protectora es ahora de un espectacular color rojo.

Un reflejo dirige mi atención hacia una luz amarilla, es tan intensa que me ciega. A la vez, su poder produce un cambio en todo mi cuerpo, pasando a cálido y agradable, reactivando cada una de mis células, y haciéndome consciente que esto que me ocurre es la maravilla de darle vida a mi cuerpo.

Algo que no veo hace que los elementos de mi entorno suban y bajen, se aproximen y alejen en intervalos variados de tiempo y velocidad. Todo, cercano y distante se mueve, dándole ritmo al paisaje al compás de sonidos graves y agudos, y susurrando órdenes que le indican al ambiente qué acción prosigue al movimiento instantáneamente pasado. Él también me impacta suavemente y me mece con sus ráfagas, proporcionándome rica frescura.

Estoy expectante. De pronto un individuo pasa velozmente frente a mí, y se detiene al instante demostrando su capacidad de levitar. Sus dimensiones me indican que es tan pequeño como yo. Su cuerpo es de color amarillo con negro, y posee un aura en movimiento sujeta a la parte trasera. Examina y toma la decisión de ingresar en un depósito aromático delimitado por suaves y delicadas paredes de color violeta. En su interior el recipiente tiene bastones de color blanco, en cuyo límite superior hay bodoques de color amarillo sobre los cuales él camina torpemente. Al llegar al centro encuentra un manjar para deleitarse, y después con la misma prisa que ingresa, sale y se va.

El contraste de colores en mi entorno está acentuado por el verde. En medio aparecen vetas de color amarillo, y en su interior asoman medios óvalos de color rojo intenso. Cuando gradúo fijamente la mirada reconozco la similitud que hay entre ellos y yo, coincido en que son mis iguales, millares de frutos distribuidos en los límites de la copa de nuestro progenitor.

Hay mucha confusión por la actividad de gran cantidad de criaturas vivientes que vienen y van. Tienen forma, tamaño y color muy variado. Las hay pequeñas como yo, otras con amplias extensiones de colores llamativos que cambian de forma si están inmóviles o en movimiento, y por último están las gigantescas, llamó mi atención una copetona ruidosa que saltaba de un lado a otro. Ella se acercó a varios de mis hermanos, a los que con un movimiento rápido y certero hizo desaparecer en su pico, y después expulsó un líquido color rojo por debajo de su cuerpo.

Percibo un aroma delicioso que proviene de los recipientes de color violeta. En ellos los pequeños voladores ingresan, y salen llevando adheridos a sus cuerpos muchos puntos de color amarillo. Parece ser un ritual de todos, pues, ingresan por turno en el centro, porque su fuente es inagotable.

Afino mi oído para escuchar el concierto en honor a mi llegada. Es una melodía hermosa con tonos altos, bajos y medios, y también cortos, extendidos y hasta repitentes. Toda la creación aporta sus mejores timbres. Es la máxima expresión musical del universo.

Los sonidos y la actividad de mis nuevos amigos se adueñan de mi atención por varias horas.

Con el pasar del tiempo desaparece el brillo, el ambiente se torna de negro color. En la tenue luz un bulto se ve agrandar al acercarse en el aire, llega, y se posa en la rama que me sostiene, haciéndola bajar por su peso. Tiene grandes, redondos e inquietos ojos amarillos, y emite este sonido: "so-ro-co-co-co-co-co-co-co-ca", luego calla y se vuelve inmutable en la oscuridad. Un pequeño insecto alado viene con rumbo a nosotros, cuando llega al perímetro de la gran ave, ésta se lanza sobre él, lo atrapa con sus garras e inmediatamente lo traslada a su pico, después de eso desaparecen.

Puedo suponer que las aves grandes tienen la costumbre de guardar en sus cuerpos todo aquello que cabe en sus picos.

Es momento del descanso. Mientras duermo mi mente repite cada uno de los eventos que viví la mañana, tarde y noche de hoy. Y así hubo día y noche, en mi primer día.

Capítulo 3

La siembra

En plena oscuridad de la mañana percibo rápidos pasos que se acercan. Un pequeño ser llega y posa sus seis patas sobre mí. Como un guardián rota su mirada ciento ochenta grados de derecha a izquierda y viceversa. Inspecciona minuciosamente el área hasta quedar satisfecha, luego libera una sustancia aromática, y se lanza al vacío.

La oscuridad parece no tener fin.

Al transcurrir dos horas vuelve la luz, gradualmente se va haciendo intensa, pero me desconcierta ver que poco después comienza a apagarse. En lo alto se observa el amontonamiento de cuerpos grises, entre ellos se asoman líneas brillantes que aparecen y desaparecen iluminando fugazmente el entorno. A la vez vienen acompañadas de feroces rugidos que inician en lo distante, y llegan hasta mí retumbando en el aire, estremeciendo todo con su onda expansiva.

Un soplo se sumó a otro y a otro más, acelerando el aire en todas direcciones. Polvo, hojas y flores son elevadas del suelo, y giran en círculos hasta llegar a mí. Las ramas, hojas y yo comenzamos a balancearnos.

De lo alto caen pequeñas partículas que humedecen, y forman esferas transparentes que se adhieren a mi cuerpo y luego lo recorren. A través de ellas se ven diminutas imágenes del paisaje.

La sensación térmica es diferente a la del calor de la mañana. De súbito las compuertas de la expansión de los cielos se abren, y caen millones de pequeñas partículas transparentes. No es posible reconocer nada, porque caen abundantemente y sin cesar.

El evento es muy intenso, y me sacude con fuerza. Es un caos tal, que tanta acción hace que me desprenda de la rama que me alojó por más de un mes. Caigo rebotando entre las ramas, despojándome de mi capullo, y quedo recubierto únicamente por el fruto de color rojo. Siento que la caída zigzagueante es de nunca acabar, me recuerda la sensación de impotencia por querer despertar cuando apenas era un embrión, pero multiplicada cien veces por mi ansiedad, porque estoy atravesando el umbral del miedo por vez primera.

Desorientado, golpeado, y sin idea de lo que ocurre llego hasta el suelo. Ahí me recibió una corriente de agua que formó un riachuelo donde antes estaba seco, en su ruta un obstáculo sirve de trampolín, y salto a la vez con un puñado de agua que se separó en gotas, pareciendo yo mismo una más de ellas. Las fuerzas me abandonan y me desmayo, entregándome a mi suerte.

Recobro la conciencia. Estoy atrapado en un montículo de hierba que recogió arena y tierra sobre mí, producto de la erosión causada por el diluvio. Fueron demasiadas emociones para un segundo día. Ahora me encuentro sepultado bajo un centímetro de material, y vuelvo a caer en reposo.

Capítulo 4

Metamorfosis

Nací en el límite noroeste de Costa Rica, en la provincia de Guanacaste, en el cantón de La Cruz, en el interior de la finca de Andrés Briceño, situada a tres kilómetros de playa Puerto Soley.

Aquí el suelo superficial es lodo-arenoso y abajo rocoso, con poca concentración de minerales contenidos en una pequeña capa delgada de humus vegetal, que se forma del material orgánico acumulado en el tiempo por la acción de las raíces de los árboles. Estos suelos denominados entisoles son poco fértiles, razón por la cual se explotan para la ganadería intensiva, y recientemente por parte del Estado costarricense para la regeneración natural del Bosque tropical seco. Se requieren condiciones excepcionales para vivir en este medio. Hay que ser rudo para aprovechar al máximo las limitaciones de alimento del suelo, la radiación excesiva del sol, y la desecación producida por los feroces vientos. Una vez sorteadas estas condiciones podré lograr un buen desarrollo, y la prolongación de mi futura larga vida.

Mi padre produjo más de veintiún mil semillas en este invierno. La mayoría fue arrasada por la lluvia, y quedaron sepultadas bajo una capa de lodo en el fondo del río Salinas. Lograremos germinar menos de doscientas semillas. Nuestra natalidad es baja y la supervivencia es aún menor, quizá cien individuos llegaremos a ser plántulas de forma natural, de los cuales muy pocos alcanzaremos la adultez.

Con el pasar de los días el arilo rojo que me sirvió de alimento y protección se descompone por la humedad, el calor y la acción de los organismos del suelo. Mi cubierta es ahora de color negro y mi coraza empieza a ablandarse.

En mi interior comienza a formarse la raíz, el tallo y dos hojas. Siento cosquillas cuando se rompe mi piel para dar salida a la raíz que me asirá firmemente al suelo. A la vez va formándose un vástago grueso que empuja la tierra acumulada sobre mí, abriéndome paso como si fuera un soldado que sale de los escombros de una trinchera. Al emerger de la tierra mi cubierta se abre totalmente, producto del crecimiento de mis dos cotiledones.

Mi desarrollo continúa hasta erigirme verticalmente, y mi cuerpo dibuja la forma de la letra "te", con un tronco definido, y en la parte superior dos perfectas hojas compuestas y paripinadas a cada lado.

La sombra que me proporcionó la hierba favoreció a mi desarrollo. Los rayos del sol y el agua de lluvia hicieron posible el movimiento de la savia por todo mi ser.

Hoy, veintiún días después de mi germinación, con cinco centímetros de altura y dos hojas de color verde esmeralda, estoy en pie, firme y radiante.

Es la tercera semana del mes de setiembre de 1977. Indudablemente me he transformado en un ser singular. Soy un árbol de Guayacán Real.

Capítulo 5

Las lumbreras

Solitario, sin otro individuo de mi especie cerca, dedico el tiempo a conocerme y a entender el mundo que me rodea.

Mis dos hojas compuestas por ocho foliolos se abren y extienden durante el día para recibir el calor que emite la gran lumbrera. Sus rayos me dan un poder revitalizante. El sol aporta la energía lumínica que activa la fábrica que hay en mí, para aprovechar al máximo el agua y el dióxido de carbono concentrados en el aire, y los minerales y el agua contenidos en la tierra. Con esta materia prima, mis hojas producen los azúcares que hacen posible mi desarrollo. Mismos azúcares en forma de glucosa que desde tiempos inmemoriales hemos utilizado para formar y sostener los grandes bosques de árboles, que producen el oxígeno necesario y a la vez fijan el carbono en nuestros organismos a través de la fotosíntesis. De esta manera mantenemos el delicado equilibrio de la vida en el planeta Tierra.

Mis mañanas inician con la aparición de débiles rayos del este. Es la señal para que los pericos, zanates y otras aves que viven en sociedad partan al éxodo diario, con un bullicio que interrumpe la paz de la madrugada.

Los primeros rayos logran atravesar los vacíos entre la espesura de los árboles como si fueran líneas que recorren a gran velocidad el firmamento, y luego aterrizan impactando en tierra delicadamente.

El cielo transmuta de colores en cuestión de segundos con tonos rojos, anaranjados y amarillos, que contrastan con su azul y blanco.

El sol asoma por primera vez superando la montaña.

La luz comienza a darle forma a lo vivo y a lo inerte. De los lejanos grandes árboles salen sombras que llegan hasta mí, y luego irán de retorno a ellos.

La actividad de los seres rastreros inicia y va en aumento al intensificar la claridad. La sensación térmica pasa de fría a cálida. Algunas iguanas salen a tomar el matutino baño de sol.

Una parvada de aves atraviesa el cielo de norte a sur, y pasan frente al sol dibujando una línea que lo parte en dos.

Al medio día el astro se posa puntualmente sobre mí, ejerciendo una extraña presión a pesar de la gran distancia que nos separa. Todos los animales buscan refugio de los quemantes rayos bajo la sombra de los árboles, como una diaria reunión obligada, pues, es el momento de mayor radiación. Solo los reptiles asoman a los claros del bosque para continuar disfrutando de la intensidad del calor del sol. Ellos difieren de los demás individuos por ser de sangre fría, y requieren grandes cantidades de calor que le servirán para levantar su temperatura interna, su proceso de digestión, y demás actividades orgánicas.

Por la tarde cae el sol, y los pericos, zanates y demás pájaros vuelven en manadas hacia los árboles para descansar.

El sol desciende por el oeste, el cielo se impregna con matices de colores con rangos que van del marrón al dorado. Al mismo tiempo mis hojas se cierran juntando sus foliolos, un recurso biológico para mi protección durante el descanso.

Una vez finalizada la tarde se apaga el sol, y llega la noche trayendo la lumbrera menor. La radiación de la luna es tenue y variable. Si está visiblemente redonda produce su máximo resplandor, permitiéndome apreciar la actividad de las especies nocturnas.

Las fases de la luna tienen un efecto especial en mí cuando su luz abraza mi cuerpo. Durante el cuarto creciente y luna llena, el flujo de mi savia se concentra en mis hojas, desarrollándolas en cantidad y tamaño. En plena luna llena experimento el desarrollo del grosor y altura de mi tronco. En el paso del cuarto menguante y la luna nueva, su luz logra atravesar el suelo reactivando mis raíces, pues, se empodera la acción de mi savia en ellas.

Mientras dura la tenue luz de la luna me vienen a visitar los búhos, lechuzas, murciélagos, mariposas, y hasta el "pájaro cuyeo" que danza zigzagueando en los claros de la montaña, luego se pierde en la maleza, pero sé que está cerca por su cuyear, de pronto vuelve a aparecer repitiendo varias veces su rutina.

La luz de la luna es el reflejo del sol. No es de extrañar que los indígenas Chorotegas y muchas otras culturas ancestrales los veneren y les rindan culto, porque cada una de sus formas, posiciones y combinaciones tiene una afectación directa en los seres vivos y el planeta Tierra.

El sol es la máxima expresión del poder de su diseñador. No existió vida hasta que su luz y calor llegaron a la superficie terrestre. Fue necesario hacerle una ayudante, la luna. Los dos hacen posible con el uso de la materia inerte todos los procesos vitales. La sincronía entre ambos es en extremo perfecta, me daré cuenta de ello catorce años después, el jueves 11 de julio de 1991 a las dos y un minuto de la tarde, cuando llegue la noche más corta de mi vida, pues, tendrá una duración de poco menos de siete minutos. La próxima vez que viva un suceso igual tendré doscientos cincuenta y ocho años de vida, en el año 2233. Para que ocurra este eclipse total de sol, la luna se interpondrá entre él y la Tierra bloqueando la luz del sol, en ese punto, la luna y el sol, pese a su enorme distancia y a la abismal diferencia de tamaño entre ellos, ajustarán sus dimensiones milimétricamente. De esa forma afectarán el ciclo de vida de los que tendremos la dicha de apreciar este evento en el planeta. Las aves y los habitantes diurnos se irán a dormir durante el día, y los habitantes nocturnos saldrán unos minutos en horas del día transformado brevemente en noche. Aquí quedará demostrado que el sol es el rey y la luna es la reina, que gobiernan sobre la faz de la Tierra.

Durante el resto de mi vida el sol y la luna serán como un padre y una madre que me cuidarán. Su efecto hará de mí un árbol grande, vigoroso y productivo.

Estas lumbreras fueron mis íntimas compañeras en el primer invierno y parte del verano.

En cada fase de la luna experimenté cambios. Así transcurrieron siete lunas llenas que me permitieron alcanzar diez centímetros de altura y cuatro hojas. Sentía envidia de la vegetación circundante, porque mucha de ella nació después que yo, y ya alcanzaban alturas superiores al metro. Con los años supe la respuesta al enigma de mi lento crecimiento.

Me sentía orgulloso de tener a la luna y el sol para mí. En este lugar donde el sol sale por el este y se pone para descansar por el oeste diariamente, aquí mismo es "la cuna del sol".

Capítulo 6

El reino animal

En mi nuevo territorio he llegado a conocer muchos amigos de diferentes especies animales que pasean, comen y viven en las cercanías.

De lejos vinieron las aves más grandes que he visto. Medían un metro y medio de altura, y la envergadura de sus alas al extenderse era superior a los dos y medio metros. Eran tímidas. Las vi llegar juntas año tras año para anidar, pues, serían pareja por siempre. Construyeron su nido en un gran árbol de Ceibo, a quince metros de altura. Muy pocas veces dejaban ver sus dos pichones. Con el tiempo supe que la presencia de los humanos los espantó, y no volvieron más. Sí, tuve la dicha de conocer al jabirú, también llamado "galán sin ventura". Al igual que nosotros, actualmente están declarados en peligro de extinción.

En contraste de tamaño conocí al pequeño y fogoso "colibrí pochotero" con sus plumas de preciosos colores perlados, que, dependiendo de su posición con respecto a los rayos del sol cambian de color, pasando del negro hasta el verde bronceado, y con una preciosa línea blanca que atraviesa la parte trasera de su plumaje. Fue sensacional verle batir sus alas hasta cuarenta y nueve veces por segundo, trasladarse veloz e instantáneamente quedar suspendido hasta parecer inmóvil mientras come, y luego alejarse ágilmente volando en retroceso. Él llegaba para comer de las altas flores de los árboles, entre ellas, la estilizada flor del Pochote, que parece ser un enjambre de blancas medusas suspendidas en el aire. También de los preciosos bodoques de flores anaranjadas del Ceibo, producto de la combinación de sus carnosos pétalos amarillos y sus rojos estambres. Era un aficionado de las grandes flores amarillas del Poró. A todas ellas las defendía con su vida. Este colibrí era un individuo solitario, que hacía su nido y dormía en ramas altas. Una asombrosa supermáquina de potencia con apenas doce centímetros de largo y setenta y cinco gramos de masa, y adornado con un pico largo grueso y cola corta.

Muchos sorprendentes animales rastreros deambulaban a toda hora. Compartí con la inquieta y escurridiza "guatusa", también llamada "cherenga". Un roedor grande que se me parece a un venado enano regordete. Mientras comían acostumbraban a enterrar algunas semillas cercanas a mí, para luego desenterrar y volver a comer. En una ocasión una de ellas rasgó mis raíces para ocultar un fruto con semilla del cual brotó una planta de mango. Así en muchas ocasiones dieron vida a nuevos árboles frutales. Eran excelentes agricultoras.

También me frecuentaba un amigo de carácter pesado, el furibundo "pizote macho solitario". Un cascarrabias que no puede convivir con ningún otro macho de su especie. Era un individuo rudo con marcas en todo su cuerpo que separaban su pelaje, producto de cortes propinados con las afiladas garras de sus adversarios. En una ocasión otro macho se encontró con él, enfrentándolos en una pelea casi a muerte. La escaramuza fue como un huracán, y varias veces cayeron pesadamente sobre mí, hasta parecía que éramos tres peleoneros. El intruso se fue gravemente herido y nunca más volvió. Por dicha mi cuerpo es muy flexible y pude resistir sus embates. A las hembras y machos jóvenes los veía en grandes grupos sociales. Las crías del grupo quedaban en custodia de dos matronas, mientras el resto de la manada buscaba comida en los alrededores.

Los pizotes son mamíferos omnívoros. Creo que podrían llegar a ser los supervivientes del bosque por su coraje, y porque su dieta lo incluye todo.

Un día por la mañana me despertó un soplo caliente que salía de la vegetación seca. Tuve que ver aguda y detenidamente la imagen, porque el paisaje se confundía con el individuo. Era un "armadillo" o "cusuco de nueve bandas". Debido a sus pequeños dientes se alimenta de plantas y presas pequeñas suaves. Come en solitario rascando y soplando la hojarasca con su nariz para encontrar sus bocadillos.

También se me hizo común la visita del más grande de los pequeños felinos manchados, el "manigordo". Un solitario depredador carnívoro, nocturno y madrugador. Especie silvestre en peligro de extinción por pérdida de su hábitat, caza furtiva y el comercio de pieles y mascotas.

En lo alto de los árboles aparecía muy temprano por la mañana el "mono araña" o "mono colorado", nombrado "tiú" en el idioma maleku. Es de mano incompleta porque le falta el pulgar. Curiosamente de extremidades largas, cabeza pequeña, y cola prensil que reemplaza a su dedo faltante para asirse y asegurar el equilibrio. Algo muy extraño en ellos es que los genitales en los machos están ocultos y en las hembras por fuera, lo que causa confusión de sus géneros para los inexpertos.

La manada de primates más grande en mi barrio era de "monos cariblanca". A veces venían siete, catorce y el máximo en una ocasión fue de veintiocho individuos. Viven en lo alto de los árboles, por su dieta bajan al suelo a alimentarse de brotes, frutos, pequeños vertebrados, huevos, larvas de mariposas e insectos. Una mañana muy temprano uno de ellos bajó a comer y fue sorpresivamente atrapado por un manigordo, el resto de la manada en lo alto gruñía, pelaban sus dientes y lanzaban ramas al cazador, pese a ello no pudieron salvar a su amigo.

Daba gusto ver a los diestros escaladores de árboles. Sobresalía entre ellos la ágil "ardilla jaspeada". Parece muy sociable, pero en realidad es otra cascarrabias que defiende con su vida el territorio. Y qué decir del supersónico "mono aullador" o "mono Congo", cuyo aullido puede viajar más de dos kilómetros de distancia, y es usado para evitar que invadan sus dominios

Las "mariposas nocturnas" son comunes aquí. Durante la luna llena es espectacular observar a las hembras lanzar al aire sus feromonas para atraer y copular con los machos que fertilizan sus huevos. Luego la mariposa revolotea de un lado a otro, va y vuelve a los mismos sitios hasta asegurar el lugar deseado para poner sus huevos que eclosionan en poco más de una semana. La forma de depositar los huevos es variada y depende de la especie. Podría ser un solo huevo o varios en línea, también en montículos encima o debajo de una hoja, inclusive en el borde o colgando de la hoja.

Cientos de insectos diferentes vienen durante el día y la noche. Me impresionó la diminuta pero agresiva "hormiga de Cornizuelo". He visto a sus reinas vírgenes subir a la copa de un árbol alto, dos horas antes del amanecer para liberar sus feromonas en el aire. Los machos en lo alto se lanzan contra viento, y ellas simultáneamente planean el vuelo a favor de viento para encontrarse y copular. Al llegar al suelo la reina arranca sus alas a mordiscos, y busca una espina hueca en el árbol de Cornizuelo para construir ahí su imperio. Una de ellas me visitó en mi primer día.

En una ocasión pasó una hilera de "arañas pica caballo" recién nacidas, las cuales parecían nada peligrosas. Una adulta me mostró su habilidad de cazadora al inyectar su veneno a un escorpión con el que peleaba, pasado poco tiempo le causó parálisis al alacrán, luego comió una parte de él y trasladó el resto a su cueva. Hay que tener una vista de águila para ver sus pequeños ojos, cuya cantidad es igual a la de sus patas, ocho en total.

Todos estos seres y muchos más conviven de manera armoniosa en mi ecosistema.

Capítulo 7

El hombre

En la distancia podía observar a unos individuos de otra especie desconocida. Tenían una ruta definida para atravesar la montaña. Un día por la mañana uno de ellos tomó un rumbo diferente, direccionando hacia mí. Su figura tenía el aspecto de un árbol con dos ramas separadas que iniciaban en tierra, luego se unían a media altura en un tronco robusto, más arriba volvía a separarse en dos ramas delgadas dirigidas hacia abajo sin llegar al suelo, y tenía un bodoque de hojas en la parte superior. Al llegar a mí pude verle claramente. Era un híbrido con partes de diferentes seres del bosque: ojos que me recordaron los vivaces ojos del pizote, nariz y boca semejante a la de la ardilla, brazos, piernas largas y manos parecidas a las del mono. ¡Era realmente extraño!"

Él se acercó, me vio fijamente, y sorprendido exclamó:

–¡Pero hombre!, ¿qué haces aquí?, ya mismo te voy a llevar a la casa.

Procedió a sacar un instrumento largo y delgado que llevaba asido en la cintura, vi como lo levantó para luego dejarlo caer sobre mí. En anteriores ocasiones escuché el agudo sonido de esa cosa recorriendo la montaña de un extremo a otro, y vi su brillo en la distancia reflejando la luz del sol en su hoja de metal, cayendo sobre plantas pequeñas y grandes, que terminaban inertes. Por tanto, cerré mis ojos y me encomendé al Creador. En estado de pánico percibo que la tierra se mueve y comienzo a gravitar. Me dije:

—Estoy ascendiendo al cielo, es mi nueva morada.

La respiración del sujeto me sacó de mis pensamientos y volví a la realidad. Ahora me encuentro a la altura de sus ojos, él me examina detenidamente, comienza a reír y dice:

—¡Ahora sí, jodido, ya sos mío!

Giró su rostro hacia el este, levantó la vista, fijó su mirada en la distancia, y cerrando un poco sus ojos dijo:

—Vámonos, que en la casa nos esperan.

Él me tomó del tronco, sacudió la tierra que tenía en mis raíces y me colocó con cuidado en la bolsa de su camisa. Ahí sintiéndome apretado caminamos media montaña, cruzamos una quebrada de agua, brincamos un cerco de alambre con púas, y correteamos a un armadillo por pura diversión, ahuyentándolo.

El "hombre" se detuvo y dijo:

—¿Ves a ese arbolote que está allí? Él es tu padre.

A cien metros de distancia, separados por la quebrada de agua había un árbol excepcional de aproximadamente quince metros de altura, con un tronco de setenta centímetros de diámetro, y más de dos centenas de años. Yo estaba extasiado por su magnificencia. Ahora tenía conocimiento de mi procedencia e imaginé que llegaría a ser como él.

A lo largo escuché el ladrido de unos perros que merodeaban constantemente el perímetro, aparecieron de la nada, tan contentos de vernos llegar que lloraban. El hombre los acarició, y todos continuamos el viaje hacia la casa de la finca.

Capítulo 8

La mujer

"El mundo de los humanos es fantástico y divertido, tan variado en emociones, que hacen a cada día diferente. Yo tengo la dicha de vivir en medio de ellos, y de ser considerado como un igual".

Al fin llegamos a la casa, su construcción era de madera. Subimos tres escalones de madera gris y añeja en las que él dejó huellas de barro al limpiar sus botas en los bordes de los tablones. Atravesamos una puerta e ingresamos. Era espaciosa y fresca. Las tablas del piso rechinaban con cada paso, porque el piso era elevado, montado sobre gruesos pilares de madera de negro color que parecían piedras, y desprendían un aroma semejante al que percibí de mi padre cuando estuvo a favor del viento.

En el interior de la vivienda había tres aposentos. Un cuarto muy grande con varias camas, otro cuarto pequeño donde solo cabía una cama, y el tercer espacio era una cocina grande con piso de tierra.

Entramos en la cocina, era cálida y vaporosa. Un aroma nuevo se percibía. En el otro extremo, sumida en la niebla que producía la quema de la leña y del agua que hervía e impactada transversalmente por los rayos lineales del sol que atravesaron la pared hecha de tablas separadas, observé una figura delgada con largo pelo negro. Al entrar en contacto su imagen con la mirada del hombre, sentí que todos los órganos vitales del cuerpo de él se apaciguaron. Ella giró, y pude ver en sus ojos la dulzura que no percibí en los de él. Era la máxima expresión de bondad y amor, era la mujer.

Ella nos sonrió agradablemente, se acercó y le dio un beso. Su pecho me apretó contra el de él. Escuché sus dos corazones: el de él agitado y vigoroso, el de ella relajado y feliz. Eran madre e hijo.

La mujer le dijo a su hijo:
—Siéntese papito. Voy a servirle café.
Él acata de inmediato la orden, y se sienta en un banco de madera, al cual llamó pat'egallina, curiosamente por tener tres patas con base triangular.

Los perros habían ingresado en la cocina por la puerta de atrás y se echaron a descansar alrededor del hombre. Todos observábamos cada movimiento que la mujer hacía al frente del fogón de leña. Se dirigía a la derecha, a la izquierda y al centro del fogón, igual que las aves que volaban en el horizonte y las ráfagas de viento les cambiaban constantemente de dirección.

El humo de la leña quemada se confundía con el vapor del agua que hervía. Ella tomó con la punta de su delantal la olla con agua hirviendo, la trasladó y levantó sobre un chorreador de café, compuesto por una bolsa de tela sujeta por dos varillas en una base de madera. Poco a poco fue depositando el agua, el vapor hacia arriba y el líquido de color negro atravesó la tela, y cayó en forma de chorro en un pichel de aluminio con abolladuras.

Mientras, él tocaba constantemente la bolsa de la camisa en la cual yo me encontraba, asegurándose que estuviera en ella. De repente su pecho se hincha apretándome dentro de la bolsa de la camisa, comienza a soplar con su boca produciendo un sonido con el cual los perros empezaron a aullar y a moverse alegremente (poco después supe que silbaba una cumbia norteña mexicana llamada "el perro mocho", el gran éxito musical de Los Tigres del Norte). Procedió a mover sus pies y a bailar sentado. Acto seguido, golpeó con sus manos la mesa como si fuera un tambor. Era tal su jolgorio, que los perros siguieron las notas de la canción con ladridos y saltos. La mujer se volvió hacia ellos, y con solo una mirada todo quedó en calma. Los perros se escondieron bajo la mesa ante la señal. Él respiró hondo y se relajó. La mirada de la mujer duró tres segundos, pero pareció eterna, porque quedó grabada en sus mentes como una orden militar.

Momento después ella procedió a servir el café en dos jarras de hierro con revestimiento de cerámica, decoradas con flores de colores, y las colocó en la mesa. Se sentó al lado de su hijo y le preguntó:

–¿Por qué estás tan alegre?

Él sonrió, y le dirigió con su mirada para que viera lo que atesoraba en la bolsa de su camisa. Yo apenas asomaba una de mis hojas. Ella le dijo:

–¿Otro más?

Él consintió con una amplia sonrisa, y abriendo grandemente sus ojos levantó sus cejas y movió su cabeza de arriba abajo y de abajo a arriba, repetidas veces.

Capítulo 9

El gladiador

Después de una corta conversación entre ellos, él pidió permiso a su madre para retirarse. Ella consintió dándole un beso en la frente y su bendición. Se despidieron. La mujer quedó ahí sentada. Él procedió a levantarse y recorrer nuevamente la ruta dentro de la casa para salir por la misma puerta por la que habíamos ingresado.

Una vez fuera caminó cuarenta y nueve metros, pero se detuvo para asimilar la actividad que producía columnas de polvo que subían una y otra vez. Era un grupo de hombres que hablaban y silbaban a unos perros grandes, gordos y con cuernos puntiagudos. Pero eran perros que no ladraban, más bien hacían un ruido monosilábico constante, "mu".

Dos personas se encargaban de llevar a través de un pasadizo de madera a uno de los cornudos. Ahí le colocaron una soga en el pescuezo y lo llevaron guiado con el mecate al centro de un amplio espacio, delimitado con tablas horizontales y verticales.

El joven volvió en sí. Procedió a abrir un portón de madera muy pesado: lo deduje por el evidente esfuerzo que realizó. Ingresamos, en el medio se erigía solitario pero imponente un madero de dos metros de alto y de color negro brillante. En él amarraron al animal que se rebelaba a estar quieto, y forcejeó hasta que las cuerdas lo obligaron a quedar inmóvil. Parecía que el monumento de madera lo abrazaba fuertemente, impidiéndole cualquier mínimo movimiento, pues, para eso había sido empotrado ahí como una roca, desde hace más de treinta años.

Un fuego ardía fuera de la estructura. El tercer individuo tomó un objeto largo cuyo extremo estaba dentro de la hoguera, al alzarlo una figura triangular se mostraba con un radiante color rojo, que cambiaba a amarillo y a anaranjado con las ráfagas de viento. Con prisa ingresó al encierro, corrió hacia el centro, y al llegar donde el tronco inmovilizaba al animal le colocó en su cuarto trasero el hierro candente. Salió vapor del choque, y el animal repitió con sonido estruendoso su monosílabo "muuu, muuu, muuu". Después le soltaron las amarras que le sujetaban al poste y lo llevaron al otro extremo. Atravesaron otro pasadizo de madera y finalmente lo liberaron en otro encierro donde había otros, que, como él, ya habían sido marcados.

Nos aproximamos al madero. El hombre giró su brazo, elevó su mano y muy pesadamente con la palma abierta lo golpeó, generando un sonido seco: "ploc". Entonces me dijo:

–Un día vas a ser como este tronco, fuerte y firme para toda la vida.

En efecto, el madero era un tronco de Guayacán Real con un diámetro de aproximadamente cuarenta centímetros, ¡puro corazón!, tan viejo que su madera estaba petrificada. Él se encargaba de doblegar la bravura del ganado de la finca. Era un gladiador. Solo un coloso como él era capaz de tal hazaña.

Capítulo 10

Hermanos

Salimos del corral. Seguimos caminando con rumbo oeste. La ruta estaba llena de barro y boñiga de mis perros cornudos.

Ingresamos en la sombra de un gran árbol que desprendía aromas que le hicieron al hombre activar su paladar, recordándole momentos ácidos y dulces. En las puntas de todas sus ramas el árbol tenía suspendidas vainas de color café. En el suelo las vainas partidas tenían en su interior una sustancia blanda y semillas duras con forma de ojos de color negro brillante, que atraían a gran cantidad de insectos.

Procedió a depositarme en el borde de un tronco cortado a la mitad, y colocado en forma horizontal. En el centro el tronco tenía un hueco largo y profundo, que contenía agua de la que bebía un cornudo.

Él agarró una bolsa plástica que estaba empotrada en una bifurcación del árbol, la abrió, y procedió a llenarla con tierra que estaba al pie del árbol. Aplicó en su interior un poco de agua que tomó del contenedor de madera y apretó la tierra. Le hizo varios huecos en el exterior a la bolsa, y por último perforó un hueco en el centro del bloque de tierra. Me tomó con los dedos pulgar e índice de su mano izquierda, ubicó mi raíz en el hueco del centro del bloque de tierra, y con la otra mano tomó un puñado de tierra que depositó en mi base. Luego compactó la última capa de tierra, volvió a aplicar agua, y por último presionó la tierra hasta dejarme verticalmente firme en ella.

Me ubicó en el otro extremo del árbol, al límite de sus hojas, junto a una camada de árboles. Eran de mi talla e idénticos a mí. Cuando el hombre se retiró me dieron la bienvenida, uno a la vez. Fuimos recogidos en un perímetro de trescientos metros. Algunos habían llegado un mes antes. Les conté todo lo que te he dicho. También escuché sus vivencias. A todos el sujeto nos presentó el mismo padre. Eran mis hermanos.

Al igual que ellos recibiría sombra durante la mañana, y a partir del mediodía el sol nos acariciaría por cinco horas.

Esta sería por poco más de un año mi siguiente residencia.

Capítulo 11

El niño

Enero, 1979

Llegó el verano. Las personas estaban preparadas para la temporada de caza.

Hay abundantes árboles de "Madero", algunos "Corteza Amarilla" y también "Roble Sabana": todos en época de floración. Razón por la cual, las iguanas se hacen visibles en el paisaje para alimentarse de las flores. Además, es tiempo de su ritual de apareamiento.

Mis hermanos y yo disfrutábamos de ver las parejas que salían a los claros de la montaña para entregarse a las mieles del amor. Les recito de memoria el manual que les guiaba:

"Las iguanas macho y hembra inician el cortejo frente a frente moviendo la cabeza y la cola simultáneamente. El macho espera la señal de la hembra ya dispuesta. En el momento en que ella levanta la cola, él con un rápido movimiento la monta para copular, le muerde el cuello, y con su pata trasera inmoviliza la cola de la hembra. El acto se repite varias veces, con una duración de treinta minutos".

Extenuados de su prueba de resistencia, los reptiles se disponen a recibir el sol directamente. Esta necesidad les hace vulnerables a la vista del ser humano. Debido a esto, un niño del pueblo cercano vino a estas llanuras y montañas para cazarles.

A mediados del mes de enero, un niño de diez años vino de visita e ingresó a la montaña con el hombre, dispuestos a encontrar los reptiles. Llevaban flechas o tiradoras de piedra en mano, un saco de fibra de cabuya para colocar dentro sus presas, y un inseparable perro.

La iguana es también llamada gallina de palo por el uso comestible que se le ha dado tiempo atrás. La semejanza con las gallinas de patio es su exquisito sabor. Los escuché decir: "ninguna comida se le compara a un pebre de iguana con su maíz tostado y molido". Si la suerte acompaña al cazador, le pondrá los huevos de la iguana, haciéndolo un manjar superior. La diferencia entre ellas es lo rápido y escurridizo que es el reptil, volviéndolo una atractiva presa para demostrar las habilidades del cazador.

Ambos eran diestros con la tiradora. Una vez divisada la presa se acercan sigilosamente a ella, a una distancia aproximada de veintiún metros.

También pude ver su ritual:

"Se escondieron detrás de un árbol, tomaron posición de ataque: el cuerpo vertical con la pierna izquierda hacia adelante, y la pierna derecha hacia atrás, para un perfecto equilibrio. La mano derecha sostiene la piedra dentro de una tira de cuero ubicada a la altura del ojo derecho, el cual casi cerrado funge como mira telescópica. El brazo izquierdo totalmente estirado hacia adelante, soportando con su mano la base de la flecha de madera de Cornizuelo con forma de "i griega", en cuyas terminales superiores se anclan dos largas cintas de hule, que se estiran al máximo para impulsar la piedra hacia su objetivo como un proyectil letal".

Era para ellos un juego divertido, además, un acto de subsistencia.

La primera iguana vista estaba comiendo flores en lo alto de un árbol de Madero. Guardaron silencio después de darle la orden al perro:

–¡Shhhh!

Entonces llega el instante de la acción:

"Ambos detienen la respiración reduciendo el ritmo cardiaco al mínimo. Su actividad cerebral se concentra en la vista y manos para afinar la puntería. Los cálculos algebraicos complejos de distancia, velocidad, y dirección parabólica de los proyectiles se realizan en milésimas de segundos, bajándolos al nivel más básico, pero con la más alta efectividad. Simultáneamente los dos le quitaron la presión de la mano derecha liberando la tensión de las ligas de hule".

Las piedras salieron impulsadas como balas de cañón. Volaron en el aire compitiendo entre ellas para llegar a la presa. La primera piedra impactó al reptil en la cabeza, y la otra casi instantáneamente en su abdomen. La desdichada criatura se desplomó pesadamente desde siete metros de altura.

El perro plantó carrera con ruta a la presa. La iguana cae panza arriba y reacciona lentamente mientras asimila la situación: tiempo que aprovecha el perro para trabar con su hocico la cabeza de la iguana, y dejarla inconsciente. El hombre de la finca con un silbido dio la orden al perro para que libere la presa. Ellos la tomaron rápida y cuidadosamente por la cola para levantarla y meterla en el saco.

Al final del día hubo más iguanas dentro del saco, pero ninguna tan grande y hermosa como la primera.

Cuando concluyó la cacería los dos se sentaron bajo el árbol de Tamarindo, y procedieron a distribuir el botín.

Hubo una discordia entre ellos. ¿Quién se quedaría con la primera iguana? Ambos acertaron con la piedra. Decidieron que debían repartirla mitad y mitad. ¿Pero cómo? Entonces él le propuso al niño:

—Te doy un árbol de Guayacán Real por tu mitad.

Ante la oferta el niño le respondió:

—Está bien, ya tengo tres iguanas y un árbol de Guayacán Real.

Capítulo 12

El elegido

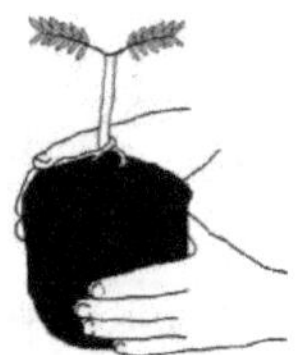

Después de descansar bajo la sombra del árbol de Tamarindo, procedieron a preparar sus cargas.

El niño echó un vistazo dentro del saco, satisfecho con su contenido decidió cerrarlo aplicándole un nudo bien apretado. Tomó un pañuelo largo de tela con el que minutos antes había secado el sudor de su cuerpo, amarró un extremo en el nudo del saco, y con el otro extremo del pañuelo ató la base del saco. Haló el bulto hacia arriba estirando el pañuelo, y metió su cabeza y tronco en el aro que formaron el pañuelo y el saco. De esa manera quedaron las iguanas en su espalda, listas para el viaje.

Observó detenidamente el almácigo de árboles de Guayacán Real. Éramos catorce individuos en total. Revisó minuciosamente a cada uno, y vaciló un poco al escoger: tocó las hojas y el tronco de algunos, cuando pareció decidido agarró el árbol que estaba a mi lado, volteó dándome la espalda, dio un paso para retirarse, luego juntó los pies y quedó inmóvil, movió su cabeza mirándonos de reojo y cerró uno de sus ojos, porque una idea le hizo vacilar de su elección. Entonces giró su cuerpo desbalanceándose un poco, recompuso su posición, dio un paso al frente acercándose nuevamente, y rio de forma maliciosa. Puso el árbol que había escogido en el sitio donde antes estaba, y rápidamente procedió a tomarme entre sus manos, luego dio largos y rápidos pasos para alejarse del lugar.

El niño abrió un portón de madera, caminó con él hasta salir de la propiedad, empujó de vuelta el portón con el hombro, y con la mano libre le acuñó para dejarlo cerrado.

Era diferente observar la casa, el corral, y el patio desde afuera. Parecían tener una menor dimensión. Vi a mis hermanos debajo del árbol de Tamarindo, en ese instante una leve ráfaga de viento los sacudió, y meció sus hojas dibujando en ellos la señal del adiós.

Tomamos rumbo oeste. Había gran cantidad de árboles jóvenes de Cornizuelo a los lados de la trocha de tierra. A la izquierda, donde inicia la pendiente de la montaña, abundaban los árboles de Guarumo y Madero. Algunas iguanas se alimentan de las flores, otras toman el sol en zonas abiertas de la montaña, todas ellas nos veían detenidamente al pasar, como si tuvieran un plan para rescatar a sus iguales, que nos acompañarían en nuestro viaje sin haber dado su consentimiento.

Lo que para mí fue fortuna, sería un infortunio para los reptiles, pues, ese día ellos y yo fuimos los elegidos.

Capítulo 13

Un ejército invisible

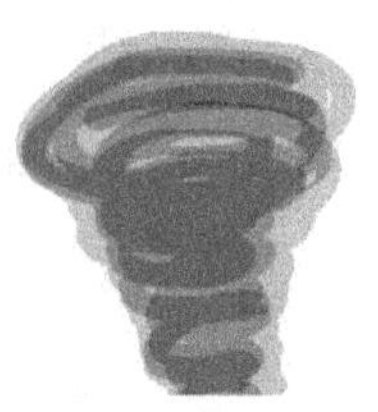

Conforme nos alejábamos del lugar que fue mi hogar, el aire se hacía liviano y el piso duro y polvoso. La hierba va desapareciendo, cada vez es menor su presencia en la calzada. Las rocas y el barro amarillo son más evidentes. El polvo sube de altura por el zapateo, formando pequeños remolinos. El viento toma fuerza conforme el paisaje pasa de ser montañoso a llano y despejado.

Los veloces vientos y esta resequedad excesiva son producto de la presencia de los vientos alisios procedentes de "la corriente de chorro de bajo nivel del Caribe". Un ejército de miríadas de guerreros que avanzan y avanzan sin cesar en el tiempo. Cada uno de ellos es una partícula de aire que forma un pelotón compacto de mil kilómetros de largo. Su recorrido inicia en las Antillas Menores, atraviesa el mar Caribe, y pasa sobre Costa Rica y su cordillera montañosa hasta llegar a estas costas del Pacífico. Su formación este-oeste es de quinientos kilómetros de ancho, llegando hasta nosotros en su límite oeste, y su dimensión en altura es de un kilómetro. Ningún ejército es capaz de aplacarlo.

Esta legión de espíritus indomables se localiza entre el Trópico de Cáncer (el paralelo en el hemisferio norte), y el Trópico de Capricornio (el paralelo al sur del

Ecuador). Entre los setenta y los ochenta grados longitud oeste, y entre los trece y los diecisiete grados latitud norte. Con su empuje generan los feroces vientos de mediados y de fin e inicio de año en la costa Pacífica de Costa Rica, produciendo incursiones de avanzada de más de ciento veinte kilómetros por hora. Año con año conquistan las mismas tierras. El ingeniero supremo lo creó para mantener "el balance natural del planeta". Aunque parezca irónico, su influencia siempre fue positiva hasta que el hombre decidió meterse con él, sofocándolo y sacando de sus entrañas la parte más temible, para transformarlo en su gran verdugo.

En sus inicios y épocas de equilibrio total, la naturaleza producía toda la riqueza necesaria para cada metro cúbico de la Tierra y su atmósfera. El humano inició con la deforestación de los grandes bosques del Trópico para enriquecerse con sus productos que no renovaron. Establecieron grandes haciendas para uso de la ganadería y la producción de alimentos. Aplicaron el método de limpieza por quemas, eliminando una y otra vez la flora y la fauna. Inventaron los aerosoles para acelerar los procesos naturales. A ello se sumaron las quemas sin control de los combustibles fósiles en todas sus formas. Todos estos desechos se fueron apoderando rápidamente del espacio del oxígeno en el aire, formando una vulgar masa que martilló la bóveda del cielo, aplicándole tanta presión hasta hacerla explotar por la acumulación del dióxido de carbono en niveles de máximo envenenamiento.

Dichas acciones causan que las lluvias se desplacen hacia el sur, acentuando la condición climática seca que caracteriza al litoral Pacífico de Costa Rica. Aquí sobreviven los árboles, que, como nosotros, se anclan profundamente en la tierra, siendo más grandes debaj de la tierra que sobre ella, característica de supervivencia implantada en nuestro ADN para poder encontrar los manantiales subterráneos que harán parecer mágico nuestro verde follaje, destacándonos del resto de la vegetación durante todo el año. Solo así es posible resistir los embates del ejército de las fuerzas invisibles.

En el futuro esta legión de guerreros le cobrará el daño que la humanidad le ha hecho al ambiente. El 24 de noviembre de 2016 vendrán con el "Huracán Otto", más furiosos que nunca. Será la peor de sus incursiones en Costa Rica, con vientos de ciento cincuenta y cinco kilómetros por hora. Causarán diez muertes y una gran devastación en todo el país, y dejarán a La Cruz Guanacaste aislada. El costo económico para Costa Rica será de doscientos treinta y dos millones de dólares.

En Costa Rica creeremos haber pasado el trago ambiental más amargo, pero el ejército invisible tendrá aún sed de venganza, y nos dará el golpe de gracia. Volverán con el "Huracán Nate" en octubre de 2017. Este desastre llegará a ser tres veces más costoso que Otto. Los vientos máximos de ciento cincuenta kilómetros por hora traerán un diluvio que matará a cuarenta y seis personas, y el costo económico ascenderá a más de setecientos ochenta millones de dólares.

Llevar a la extinción a las especies pondrá a la raza humana al límite del peligro de extinción.

Actualmente el tema de moda en el mundo es la afectación del Cambio climático. Su solución es simple, revertir los actos humanos que han afectado al planeta, y nos tienen en la actual condición de riesgo.

Solo el Creador del tiempo puede devolvernos lo que hemos perdido, pero yo lo he vivido en sueños: "la aguja

del tiempo se movió en sentido contrario, y estando yo
en el futuro vi de nuevo la grandeza de mi especie igual
que en tiempos pasados".

Capítulo 14

Guayacán Real

Bajo el efecto de las fuertes ráfagas de viento continuamos avanzando.

Divisamos a una madre pizote y a su cría atravesando la trocha. Ella a paso lento, paraba de vez en cuando para darle tiempo a su cría, a la cual veía con gran ternura, muy contrario a nosotros, pues, nos regaló su mirada retadora. Sería la última vez que vería a muchos de mis amigos del bosque.

Nos encontramos con un conocido del niño que llevaba colgando en su espalda varios pescados de tamaño medio y de un suave color rosa.
El niño le preguntó:
—¿Cómo está la pesca?
El amigo le respondió:
—En el estero saqué estos pargos. Apenas llegué tiré la cuerda, y cayeron como si estuvieran esperándome. Está buenísima la pesca y no quedó nadie. Al niño le volvieron a brillar los ojos. Consintió con un movimiento de cabeza y se despidió.

Seguimos caminando hasta llegar a una intersección. Al oeste la ruta lleva a la comunidad de El Jobo, y hacia el sur al poblado de Cuajiniquil. Tomamos la ruta norte. Caminamos sobre un puente de madera que atraviesa el río Salinas, de aguas limpias y cristalinas. A partir de aquí la calle se vuelve amplia y transitable.

Doscientos diez metros adelante, a la izquierda, me deslumbró un enorme árbol muy semejante a mi padre, por lo cual deduje que era un viejo Guayacán Real. Era más grueso que mi padre, y por tanto de más edad. Con el tiempo lo bautizaré con el nombre "Raúl".

Setecientos metros adelante el niño llegó a la casa de la finca de un pariente. La propiedad estaba cercada con postes de Madero y alambre de metal con púas para mantener el ganado dentro. Había al costado sur de la entrada otro precioso e imponente viejo Guayacán Real. En ese momento supe que es verdadera la historia de las raíces de mis antepasados, "estas tierras eran nuestras, fueron los dominios del árbol de Guayacán Real".

Ingresamos en la propiedad. Llegamos a media colina donde se ubica la casa de madera. Desde aquí vi un nuevo paisaje en el horizonte, con muchas figuras delineadas que suben y bajan, algunas cercanas y otras lejanas, y en diferentes tonos de colores verdes y amarillos. En ellas habitan varios individuos de mi Reino, entre ellos grandes árboles de Madero, Tamarindo, Pochote y otros de Cenízaro, acompañados de arbustos de Cornizuelo y abundante "Zacate estrella". Además, había varios árboles jóvenes de Guayacán Real desperdigados en las montañas de las fincas.

En lo alto de una loma cercana se percibía la presencia de grandes ejemplares de Guayacán Real. El viento traía su aroma, y el espíritu de ellos fluía al conectar sus raíces con las de otras especies. Cuando estuve en tierra firme en mi primer año, la simbiosis de los animales descomponedores del suelo con las raíces de los árboles creaba un flujo de energía que transportaba los elementos esenciales para la vida vegetal y animal. A través de este mismo entramado se conduce hacia los árboles infantes el conocimiento universal del mundo, revelado por los árboles ancestrales. Así pude presenciar acontecimientos ocurridos hace miles de años, como la llegada del primer árbol de Guayacán Real a este mundo, y la felicidad de la gloria de mi especie que fue la gran colonizadora de estas tierras, pudiéndonos contar en cientos de miles. Además, el sentimiento de tristeza e impotencia por los tres holocaustos que nos han llevado cada vez más cerca de la extinción.

La presencia del viejo gran árbol de Guayacán Real es verídica. El sabio Magón habita estas tierras, es el superviviente de los tres holocaustos porque habita en lo más alto de la montaña, acompañado de otros Guayacanes Reales centenarios. Él ya estaba aquí doscientos años antes de la llegada de los colonos. Ha sufrido la pérdida ingrata de sus congéneres y vive para contarla.

En 1990 mi amigo Rodolfo Gonzáles fundará finca San Lorenzo para darle oportunidad a mil Guayacanes Reales de sobrevivir bajo su amparo. El heptacentenario árbol Magón es parte de este santuario.

Aquí donde estoy yacen los restos de mis antepasados. Quinientos años atrás los Guayacanes Reales éramos los pobladores de estas tierras.

Capítulo 15

El sabanero

Era una finca ganadera típica de Guanacaste, el pariente del niño era un sabanero.

El tipo era agradable, de buen trato y humor, y con un acento muy particular. Su estatura media, y de piernas curvadas. Usaba un sombrero guanacasteco de ala ancha con adorno de crin de caballo entrecruzado en los cargadores de tela. Vestía pantalón y camisa vaquera, y calzaba botas de cuero con polainas. Portaba una faja de cuero, bien apretada en la cintura, con una enorme hebilla dorada en la que tenía grabada las palabras "Espinoza Briceño". Todo justo a la medida.

Espinoza era un gran aficionado de la monta de toros rústica guanacasteca.

Luego de saludar y preguntar por los parientes, el niño solicitó en préstamo una cuerda con anzuelo para pescar. A lo cual su tío dio la aprobación, porque Espinoza era tío del padre del niño.

Mientras, yo examinaba al sabanero. A través de las marcas en su rostro él me contó una historia común entre los aficionados de la monta de toros:

"Espinoza tenía harta experiencia como montador. Pocas veces subía a visitar el pueblo. Una vez al año, durante una semana, se vestía de gala para asistir a las fiestas populares de La Cruz Guanacaste. Acompañado con un grupo de amigos salía con un solo propósito: mostrar sus cualidades de montador sobre los lomos de alguna fiera embravecida.

Un tres de mayo, día del cantón de La Cruz Guanacaste, por ser el día en que se celebra la Santa Cruz, Espinoza se acicaló temprano. Preparó la mejor albarda para el caballo de nombre "el Bolinche", llamado así porque era un potro esbelto pero panzón, y se veía redondo como una esfera de vidrio para jugar canica. Espinoza le peinó la crin y montó en él. En su mano derecha Espinoza llevaba un chilillo de madera de Guayacán Real para dirigir al potro hacia su destino.

A las tres de la tarde llegaron al redondel de toros de La Cruz Guanacaste. Era una especie de arena romana construida con madera rolliza, con parales verticales cada dos metros de distancia, y varas de madera horizontales amarradas a los parales a distancias de treinta centímetros una de otra, hasta alcanzar la altura de dos metros. El encierro es para separar al ganado bravío de la ansiosa muchedumbre, que se amontona para ver el reto entre hombre y toro.

El día anterior por la noche el sabanero había sido informado que montaría el toro bautizado "el Cabo Lucas". Un toro "maisol", producto del cruce entre Brahman y Pardo, de color gris con pescuezo negro. Paludo o cachudo, por sus grandes cuernos de más de cuarenta centímetros.

El Cabo Lucas fue montado catorce veces, y catorce veces les ganó el pulso a los montadores. Muchos de ellos terminaron la faena heridos y fueron a dar al hospital. Espinoza conocía la historia de su contrincante, eso le generaba un valor temerario. Su mirada fija, y otras veces inquieta y delirante lo delataba.

Se dieron las primeras tres montas y llegó la hora de la verdad, el turno de la contienda entre Espinoza y el Cabo Lucas.

El toro es llevado a la manga de salida y lo inmovilizan sujetándolo con mecates al barandal. El hombre observa desde arriba la actividad del toro, entonces decide sentarse sobre sus lomos. El toro lo rechaza y se recuesta a un lado, apretando la pierna derecha del montador contra el bramadero. El Cabo Lucas es obligado a moverse y el hombre se libera. En el segundo intento logran encontrar la posición ideal. Espinoza aprieta fuertemente el pretal con su mano derecha, inclina su espalda hacia atrás quedando en posición de cuarenta y cinco grados con respecto al tercio posterior del toro. Respira profundamente y suelta el grito: ¡puerta!

El portón se abre.

El toro furibundo salta explosivamente usando sus cuartos traseros, despegándose del suelo poco más de metro y medio de altura. Cae sobre sus patas delanteras, y de nuevo al tocar suelo con las patas traseras se impulsa hacia arriba y da un giro a la derecha. Una vez que alcanza la mayor altura retuerce su cuerpo, quedando sus patas delanteras dirigidas a la derecha y las traseras hacia la izquierda, desbalanceando al jinete.

Se repite varias veces la misma escena hasta que llegan al centro del redondel.

En el último salto de la contienda el animal usa toda su potencia y la gravedad desplaza al montador hacia adelante, con tal suerte, que el cacho del toro le rozó el rostro causándole cortes en la ceja del ojo derecho, la nariz y el párpado del ojo izquierdo, haciéndole perder la conciencia instantáneamente hasta caer fulminado en el piso.

El golpe le provocó un sangrado profundo, al punto, que todos en el redondel creían que el Cabo Lucas le había sacado los ojos de sus cuencas."

Espinoza estuvo internado varios días en el hospital. Su marca en la cara me trasladó a ese suceso, que dejaría huella por siempre en la vida de este sabanero.

Él topó con suerte ese día, muchos otros montadores perdieron la vida en el ruedo por la fiebre de practicar uno de los deportes más extremos del mundo.

En honor a este sabanero, bauticé al árbol de Guayacán Real que está en la entrada de su finca con su nombre, Miguel.

Capítulo 16

La sal del árbol

Nos despedimos del sabanero y seguimos la ruta en búsqueda del mar y sus peces.

El paisaje es cambiante en todo momento.

Subimos a una pequeña colina, desde aquí aprecié por primera vez a la madre de los riachuelos, miles de veces caben en ella los riachuelos y quebradas de la montaña. ¡Era espectacular!
El niño suspiró extasiado y dijo:
–¡Allí está el mar!
A lo lejos se aprecia su amplia costa. El mar de agua cristalina está delimitado por un pequeño bosque de viejos árboles, en el que reinan los grandes Tamarindos.

Hice un recorrido visual de norte a sur. De pronto aparece ante nosotros un bache de pequeñas montañas de blanco color. Era la salinera de la que hablaba y en la que había trabajado el hombre de la finca. De ella brotaban varias columnas de humo y vapor blanco que salían de pailas de metal y hornos de barro.

Los trabajadores de la sal como hormigas activas se esforzaban por lanzar pesados troncos de madera dentro de los hornos para atizar el fuego de las calderas. Toda especie de árbol sucumbía en ese infierno.

Los Guayacanes Reales tenemos la mala suerte de poseer una madera especial para arder, la misma que eleva considerablemente la temperatura del ambiente. Con gran contenido de aceite de guayacol, poco más de 30% de nuestra masa y una densidad semejante a la petrificación, somos capaces de generar un calor casi eterno. Ver arder el corazón de un árbol de Guayacán Real cuando es sofocado por el viento se compara con el magma de las profundidades de la tierra que emerge a la superficie, relumbrando con brillantes colores: rojo, anaranjado, amarillo vivo y negro.

La gente que trabaja en la salinera tiene la piel curtida por el sol, podía decirse que ya no lo sentían, pero a lo que nunca se acostumbrarían es a la radiación del fuego, pues, no se comparan los cuarenta grados Celsius del sol contra los cientos de grados Celsius que emite la madera de un árbol como respuesta furiosa al infortunio de terminar cremado.

En fin, éste era un oficio humano con más de quinientos años de historia, heredado de generación en generación por sus antepasados indígenas. Al inicio fue para el autoconsumo aprovechando el material inerte de los árboles, pero después se transformó en un negocio que dio inicio cortando los árboles cercanos, y conforme se fueron acabando debían deforestar los árboles de zonas alejadas, lo cual gracias al Creador se volvió muy costoso. Esto obligó a cambiar la práctica de hervir el agua utilizando otro proceso, el de la evaporación a través del calor de los rayos solares.

Para buenaventura nuestra, esta práctica está en peligro de extinción por el alto costo ambiental.

Capítulo 17

El mar

A los niños se nos acelera el ritmo cardiaco cuando la vista entra en contacto con el paisaje marino. Para mí, era la primera vez que observaba su magnificencia.

Conforme el niño se acercaba al mar, el viento se hizo intenso, siendo mayor mi admiración. El estruendo del oleaje del mar era comparable con el rugido de una tormenta.

El sonido de los pasos fue debilitándose conforme la tierra fue desapareciendo, dando lugar a la arena de color gris.

Aquí todos los colores se hacen más intensos. El verde se torna esmeralda; el amarillo cambia a dorado; y el azul se vuelve metálico. El blanco es tan blanco que al cerrar los ojos sigue ahí.

De pronto la arena se mueve. Ante nuestra mirada unos pequeños seres salen a la superficie de la arena a toda prisa. Tienen un ritmo como el del sabanero al andar, pues, se mesen de izquierda a derecha como si calzaran botas vaqueras. Parecen pequeñas rocas grises y azuladas con dos ojos fuera de su cuenca. En vez de dedos tienen dos grandes tenazas que son usadas para la excavación de un nuevo escondite.

Flotando sobre el mar hay muchos botes que parecen grandes recipientes de bebederos de agua para el ganado, pero en vez de vacas se amontonan en sus bordes grandes aves que comen dentro y fuera de ellos.

Una isla se erige imponente en el oeste, gran cantidad de aves le sobrevuelan. Con el tiempo "Isla Bolaños" se transformará en un santuario de aves, y será declarada "refugio de fauna silvestre", pues, es donde anidan los "ostreros americanos", las "tijeretas de mar" y el "pelícano pardo". De este último eran los comelones a los que hice referencia anteriormente.

El niño decidió meter sus pies en el agua del mar. Estudió el movimiento del oleaje, y contó mentalmente: "uno, dos y tres", entonces saltó e ingresó en ella. El agua salpicó hasta llegar a mí. Me pregunté:

—¿Por qué si el calor del ambiente es tan alto el agua es tan fría?

No fui el único en razonar así, también él exclamó en voz alta:

—¡Qué agua más fría!

Durante algunos minutos el niño repasó mentalmente la respuesta:

"En la escuela le habían explicado que la temperatura del océano Pacífico sufría cambios por su interacción con la atmósfera. Hoy el agua es más fría de lo normal. Es la evidencia de la presencia del "fenómeno de la Niña", que trae lluvias no propias de la estación, y mayor cantidad y velocidad del viento. Lo opuesto en extremo de todo esto es la presencia del "fenómeno del Niño". Además, recordó las palabras de su maestra: "la humanidad es culpable de alterar las condiciones climáticas que están causando grandes catástrofes".

El niño siguió caminando largamente por la orilla de la playa, pateando el agua del final del recorrido de las olas, disfrutando al máximo la sensación de frescura en sus pies hasta que llegamos al estero.

Era hermoso apreciar el empuje del agua del mar que entra en el estero y sale de él a ritmo constante.

Diferentes tipos de aves de todo tamaño y color trinaban.

Muchos peces nadan en la superficie del agua, algunos parecen tener alas cuando rompen el agua al saltar sobre ella, y luego caen delicadamente.

Para los amantes del avistamiento de aves en esta playa verán el "águila pescadora". Una copetuda de patas largas con plumaje de color moteado, entre amarillo y negro. Ella estaba pescando en estas aguas mansas.

También observarán al gavilán caracolero descansando en el bosque que colinda con la playa y cazando cangrejos y caracoles en el manglar. Pude apreciar que es un rapaz de tamaño medio, de traje negro, pico amarillo, la punta de las alas blancas, y de patas largas. Algo parecido al Drácula de las aves.

Las "espátulas rosadas" volaron sobre nosotros, y bordearon el estero con dirección al humedal. Allí obtienen los crustáceos que sacan con su largo pico, el cual termina con una extensión redonda en forma de cuchara.

El niño dijo eufórico:
—¡Ahí está el cardumen!
Entonces apresuró el paso para acercarse a la playa despejada. Dejó todo lo que traía bajo la sombra de un árbol y se alejó llevando únicamente la cuerda con el

anzuelo. Al llegar al límite entre la arena y el mar procedió a arrollar el ruedo del pantalón, luego se arrodilló, metió la mano en la arena un par de veces, y sacó un gusano largo que puso en el anzuelo. Entró en el agua salada. La mitad de su cuerpo era lo único que sobresalía de la línea que separaba la superficie del mar de la del cielo. Miró en todas direcciones, y clavó su vista en el codo donde el agua se mete en tierra firme. Levantó su brazo derecho y empezó a girarlo haciendo círculos en el aire. En el giro número cuatro, justo al frente soltó la cuerda. El gusano pegado en el anzuelo y seguido por la cuerda voló dibujando una parábola hasta caer siete metros adelante en el agua del mar. De inmediato la cuerda se tensó, y el niño la haló con fuerza hasta enrollar todo el hilo en la madera que lo contenía. Vi que sacaba del agua un pez más grande que el mostrado por su amigo.

La escena se repitió varias veces hasta que el niño se cansó y decidió volver.

Capítulo 18

Sombra de vida y muerte

Regresamos del estero a través del pequeño bosque seco que limita y bordea la playa.

Encontramos grandes árboles de Tamarindo con fruto, los cuales el niño recogió para comer. Mientras lo disfrutaba fruncía el ceño, halaba aire, y chirriaba sus dientes. Entonces dijo:
–¡Rico, pero ácido!
Además, llevó algunos diciendo:
–Voy a hacerlos en un buen fresco.

En abundancia había muchos árboles de Guarumo, éstos son los portentosos regeneradores del bosque. Son los primeros árboles en colonizar todas las áreas de bosque devastado. Había visto consumir su fruto por buena parte de la fauna circundante, pues, era un manjar para la danta, el chancho de monte, la cherenga y la ardilla, los cuales dejaban las semillas dispersas por todos lados en sus desechos, haciendo que el árbol se reproduzca como plaga de la buena.

En el límite entre la playa y el pequeño bosque reina el árbol de Mostrenco, el gran conquistador del desierto. Él es feliz recibiendo la brutal radiación de la playa arenosa y el reflejo ardiente del sol sobre el agua del mar. El Mostrenco se encarga de maltratar la planta de los pies de los veraneantes. Es común escuchar sus lamentos, gritos y llanto. Verlos renquear y hasta caer cuando la ponzoña de la espina del árbol que es muy grande, firme, y aguda, les atraviesa la piel sin misericordia mientras caminan bajo su sombra.

Otro árbol común y curioso es el Manzanillo de playa. Este árbol tiene fama de cobrarle al visitante el uso de su sombra. Posee el agente químico "forbol" en todas sus partes. Una savia tóxica e irritante que causa ampollas en la piel.

¡Ojo, amigos! ésta es mi primera advertencia para ustedes:

—Por ninguna razón busquen protección de la lluvia bajo la sombra de este árbol. La savia del árbol de manzanillo de playa diluida con el agua les causará daños en la piel, inclusive, puede dejarles ciegos temporalmente. No consuman su fruto que tiene la forma y aroma de una pequeña manzana verde. Debido a los efectos por la ingesta de su fruto, este árbol carga la fama de "árbol de la muerte".

Capítulo 19

La guerra

El niño decidió salir del bosque para volver a la playa. Caminó por última vez sobre la arena de negro color, suelta y seca, y tan caliente que irradiaba fuego en nuestros cuerpos.

La vista del paisaje era diferente a la del momento en que ingresamos. Apreciamos el amplio panorama del lado sur.

El agua del mar mostraba cambios de color. Cercana a nosotros era blanca, por la espuma que producen las olas cuando finalizan su recorrido. Seguida de un color gris, donde la arena se disuelve en el agua del mar por la fuerte agitación del oleaje. Más adelante el tono es verde, producto de la vegetación en el fondo marino acumulada por miles de años. Después un vasto océano de color azul que se junta sin distinción con el azul del cielo.

A la izquierda, los árboles de Tamarindo con sus frutos de color café aportaban un aroma acidulce. Los árboles de Madero eran notables por el contraste de la combinación de sus verdes hojas con el rosado de sus flores.

En la playa se observa desperdigada gran cantidad de madera transformada en obras de arte natural de color blanco, con forma de cuerpos humanos estilizados y hasta fantasmales, petrificadas por el sol y el ambiente salino.

Los pequeños barcos o botes de pesca se mecen por la salida y retorno de las olas, como si no se cansaran de navegar. Todos bailan al mismo ritmo, asidos por mecates gruesos y desgastados que atraviesan la playa hasta anclarse en árboles y postes de madera.

Muchos pelícanos descansan sobre los botes de un activo festín, luego de comer lo que los pescadores les regalan cuando desechan en el mar los restos inútiles de los peces fileteados. Éstos eran tragados por las aves en tres movimientos: sujetados con el pico, alzados al aire levemente, y engullidos de un solo.

Ubicados en el sitio donde inicia la calle de acceso y salida a la playa, echamos un último vistazo apuntando la mirada hacia el sur. El niño se concentró en un punto que trasladó su mente a un evento ocurrido en ese lugar. Sus padres y tíos le habían instruido acerca de ello:

"El primero de diciembre de 1948 el Gobierno de Costa Rica abolió el ejército con el propósito de destinar sus esfuerzos y recursos en el desarrollo social y económico del país.

El 10 de diciembre de 1948 el expresidente de Costa Rica, señor Rafael Ángel Calderón Guardia y sus partidarios, provenientes de Nicaragua, invaden y toman el poblado de La Cruz Guanacaste. En su inmediata proclama, Calderón Guardia indica:

"Había prometido volver a Costa Rica a restablecer la libertad. No por revancha, sino para restablecer la paz. No pretendo el poder, sino la voluntad soberana del pueblo. En el poder supe conservar la democracia, a nadie se hizo preso, se despojó, hostilizó, ni se extrañó del país. Las reformas las realicé basado en mi credo cristiano. Vengo a enmendar los actuales errores que vive la República, nunca a vengarme. Insto a mis conciudadanos a seguirme, porque lucharé por mis ideales con las fuerzas de mi cuerpo y alma. Es preferible morir de pie que vivir de rodillas".

La Junta Fundadora de la Segunda República presidida por el señor José Figueres Ferrer, había tomado las riendas del país. La Junta se instaló en el poder después de finalizar la Guerra Civil de inicio de año, provocada por no haberle dado legitimidad al ganador de las elecciones presidenciales, el señor Otilio Ulate. El Partido Republicano Nacional del cual fue aspirante en las elecciones el señor Calderón Guardia, luego de verse superado por los seguidores de Figueres, negoció ceder el poder a la Junta y se trasladó a Nicaragua.

Cuando la Junta Fundadora de la Segunda República supo de la invasión proveniente de la frontera con Nicaragua movilizó un grupo de voluntarios hacia La Cruz Guanacaste. Se combatió en la hacienda el Amo y en el poblado de La Cruz Guanacaste, y las recuperaron.

En su retirada el 25 de diciembre los revolucionarios pasan por el puesto de control de Puerto Soley. Ahí había un contingente de reclutas voluntarios de la Junta. Era un día ideal para la celebración de la Navidad. Aunque eran de conocimiento los hechos de guerra en los alrededores, el ambiente en el puesto era de tranquilidad. El oleaje del mar y los vientos alisios de fin de año eran los únicos sonidos que podían escucharse. Silenciosamente el grupo de asalto revolucionario se acercó y rodeó el perímetro donde se encontraban los partidarios de la Junta. La construcción del puesto era de madera, y estaba sostenida por quince pilotes de dos metros de alto, un metro enterrado en la arena y un metro fuera de ella. Eran de puro corazón macizo de Guayacán Real, la única madera con atributos de recibir el agua salada de la alta marea del mar, capaz de resistirla eternamente sin ceder ninguna parte de ella, porque la composición de fibra y aceite del árbol de Guayacán Real después de cortado se petrifica en un sólido bloque impenetrable.

El superior de los revolucionarios calderonistas dio la orden, entonces dispararon a discreción contra los voluntarios e inmediatamente prendieron fuego al inmueble. El ataque fue sorpresivo, no dio tiempo de reaccionar a los voluntarios.

La estructura hecha con madera de pochote levantó al instante llamas hasta el cielo. Todo dentro de ella ardía. Como fantasmas se levantaban bocanadas de humo que formaban figuras apocalípticas viajando por el cielo, sofocadas por los fuertes vientos.

En pocas horas la estructura quedó hecha escombros. La escena siniestra se fue transformando conforme pasaron los minutos. El viento arrastró las cenizas, y las latas de zinc quedaron retorcidas y quemadas en los alrededores.

En horas de la madrugada solo podían distinguirse quince líneas de color rojo vivo, amarillo y anaranjado, que evidenciaban el sitio donde estuvo la tropa costarricense. La madera del Guayacán Real se quemó lentamente. Al final quedaron solo los quince bloques aéreos carbonizados pero enteros, y el metro de madera intacto bajo tierra.

En el fulminante ataque murieron cuatro miembros voluntarios de la guarnición costarricense. Treinta y cinco fueron hechos rehenes y llevados a Nicaragua. Poco después los rehenes serían liberados y devueltos a suelo tico.

En memoria de los hombres caídos se erige ahí una placa que dice:

"Aquí fueron muertos y quemados por invasores desde la frontera norte, los preclaros ciudadanos: Lic. Eloy Morua Carrillo, Bernal Vargas Facio, Efraín Roldán Pérez, Víctor Manuel Víquez Arguedas, el 25 de diciembre de 1948. Su heroísmo y ejemplo salvaron a la Patria y las Generaciones futuras. ¡Loor a su memoria! Asociación Nacional de Excombatientes (ANE)".

Capítulo 20

El rastro del indígena

Salimos de playa Puerto Soley.

El camino de lastre choca a la derecha e izquierda con terrenos delimitados con líneas de cercas metálicas con púas. Gran cantidad de ganado vacuno pasta dentro de ellos.

El estero penetra las fincas ganaderas, cambiando el paisaje con la presencia de un humedal en medio de estos terrenos áridos.

Continuamos la ruta. El sol está de picada en el oeste. La sombra del niño se alarga cada vez más en el camino zigzagueante.

Llegamos a la llamada Quebrada de Julio. Un riachuelo que divide la ruta, y separa la montaña de la sabana. El remanente para el descanso y la hidratación de personas y animales, pues, es el oasis que alimenta el bosque primario que colinda en su extremo este con la ciudad de La Cruz Guanacaste. Pequeños peces se ven a través de su agua cristalina, los cuales huyeron aceleradamente después que el niño se despojara de los zapatos y metiera sus pies en el agua. El niño sintió gran alivio. Habíamos caminado mucho, su ritmo cardiaco acelerado disminuyó instantáneamente. Ahora se sentía tranquilo y relajado.

En sus albores todo este territorio era boscoso. A través de estas llanuras y montañas se comunicaron los primeros pobladores humanos de estas tierras. Cuando las personas llegaron, los Guayacanes Reales ya teníamos miles de años de vivir aquí.

Dos mil años antes de Cristo los aborígenes se dedicaban enteramente a la agricultura. Después del nacimiento de Cristo el desarrollo económico y social incluyó la explotación de productos costeros y marinos. Los viejos Guayacanes Reales, entre ellos "Magón", vieron en los últimos seiscientos años la migración de los indígenas chorotegas, nahuas y sutiabas provenientes de México. Su huella está latente en los mensajes que dejaron a través de "los petroglifos de La Cruz Guanacaste". Dibujos hechos en piedras en los que se retratan imágenes de mujeres en actos maternales; temas relativos al poder y a la muerte; a su devoción al sol y a la luna; la comunión con los animales, y mucho más, que son los indicios de su presencia desde la época precolombina.

Estas piedras marcadas quedaron desperdigadas a lo largo del río, pasando por la finca de don Pablo y doña Casta en Bello Horizonte. Allí veintiún petroglifos mantienen viva la historia de sus raíces indígenas. El rastro de estos petroglifos continúa con ruta al poblado de Cuajiniquil en La Cruz Guanacaste.

Este no es un tema para contar, es algo que se debe vivir. El patrimonio cultural de La Cruz Guanacaste está en peligro de extinción, por eso mis amigos del grupo Yaji-Yazra-Majimi a través de su "Proyecto de Apropiación positiva del patrimonio arqueológico del

cantón de La Cruz Guanacaste'', te llevarán en un viaje
en el que retrocederás mil años en el tiempo.

Capítulo 21

La Cruz Guanacaste

Después del descanso continuamos caminando catorce minutos. De nuevo el niño se detuvo, suspiró y nos dijo:

–¡Ahora sí, viene lo bueno, nos toca subir!

Estábamos a pocos metros del nivel del mar, la ciudad de La Cruz Guanacaste relativamente cerca, pero con una diferencia de más de doscientos metros de altura.

Dimos el último vistazo al camino recorrido. Los costados de la calle de lastre nos mostraban los dominios de la hacienda ganadera, plena de ganado de carne y leche, con sabaneros que le cuidan cada setenta metros de distancia.

En la escuela, durante la clase de historia, el niño había recibido la siguiente instrucción:

"Antes de la llegada de los europeos no existía ganado vacuno en América. En 1561 Juan de Cavallón y Juan Vásquez de Coronado ingresan las primeras cabezas de ganado vacuno, caballos y mulas traídas desde Nicaragua. Desde entonces se sigue un camino que comunica el litoral Pacífico de Nicaragua y Costa Rica, y así se creó "la Ruta del Arreo" o "Camino de las Mulas", que llegaría hasta Panamá. Ésta fue la principal ruta comercial durante quinientos años entre Nicaragua, Costa Rica y Panamá".

Este argumento y el paisaje antes descrito nos trasladaron a la historia del nombre de este pueblo que reza así:

"Latifundistas ganaderos de Nicaragua enviaban su ganado desde Nicaragua hacia Puntarenas. Las grandes manadas eran dirigidas por un grupo numeroso de sabaneros, diestros en el arte de cabalgar y dirigir el rebaño vacuno. En una de esas travesías, una caravana de arrieros procedentes de Nicaragua trasladaba el ganado con rumbo a Esparza de Puntarenas. Utilizaron la ruta de Mojones, atravesaron la sabana donde actualmente se encuentra la hacienda ganadera, y continuaron hasta llegar al punto en el que nos encontrábamos".

Volvimos al presente para iniciar la escalada de la calle con pendiente. A paso lento pero constante y con pequeños descansos fuimos devorando el camino.

Al lado izquierdo de la calle había guindos y precipicios con gran profundidad, inclusive, algunos en caída libre.

Cuarenta y nueve minutos después dimos el último paso para superar la cuesta. El niño visiblemente agotado volvió su atención a la inclinada pendiente superada. Su mente nos trasladó de vuelta al pasado para continuar con el histórico éxodo:

"Los arrieros escalaban la pendiente con rumbo este. Una vez alcanzada la parte alta de la colina, una res del ganado se salió del rumbo, y un sabanero fue tras ella bordeando la zona de guindos y escarpados. Una maniobra fallida del hombre hizo que su potro resbalara, y ambos pierden la vida al caer en lo profundo. En lo alto del sitio donde murió el sabanero y su caballo, se erigió una cruz grande, hecha con troncos de madera rolliza. Este punto se transformó en el lugar de encuentro para las personas y animales que realizaban el éxodo. Con el tiempo se formó aquí esta comunidad, la que hoy habita la ciudad del cantón de La Cruz Guanacaste".

La Cruz de madera estaba ubicada aquí mismo, en el límite oeste de la ciudad de La Cruz Guanacaste, a doscientos cincuenta metros sobre el nivel del mar, en el lugar que años después será afamado como "el mirador de La Cruz Guanacaste".

A pesar del valor histórico y su importancia en la economía, el oficio de arriero en Costa Rica está actualmente en peligro de extinción.

Capítulo 22

Mirador de paisajes

Una vez superada la cuesta pisamos el límite oeste de la ciudad de La Cruz Guanacaste. Nos desviamos a la derecha, y recorrimos setenta metros con rumbo sur. Muy cansado, el niño decidió sentarse a tres metros de distancia del acantilado. El viento del este chocaba con el que subía del oeste, y sus ráfagas nos refrescaron.

Teníamos ante nosotros un paisaje natural espléndido, con un ángulo de visión de más de doscientos setenta grados, y estábamos en lo alto, a doscientos cincuenta metros del nivel del mar.

Con solo extender la mano el niño tocó las hojas del primer árbol del bosque en el límite de la ciudad. El árbol en el que nos refugiamos tenía una enorme y tupida copa. Su tronco era descomunal. Era posible sentarse en sus grandes y gruesas raíces superficiales de más de cinco metros de largo. Este gigante destaca entre todos los árboles, su altura lo delata. Aún más sorprendente es su copa, cuya dimensión es superior a su altura. Es el árbol nacional de Costa Rica, el árbol de Guanacaste. Sus semillas están contenidas en una vaina color verde, que cambia a color café al madurar, y curiosamente tiene forma semejante a la oreja humana. Este portentoso árbol le da la bienvenida a los espectadores que vienen a

La Cruz Guanacaste para ver uno de los paisajes más bellos de Costa Rica y el mundo.

El bosque mostraba un recital de variadas especies de árboles con flores de todas las formas y gama de colores.

Se divisa en el medio de la arboleda el poco común árbol de Cocobolo, con sus singulares racimos de blancas flores matizadas con pequeñas betas verdes, que se amontonan para formar grandes esferas.

Destaca la flor blanca del Laurel, el árbol preferido por las oropéndolas para colgar sus nidos, construidos en forma de bolsas largas con un contenedor esférico en su base.

Entre el color verde y el amarillo se observa el árbol de Guachipelín cuando está en flor, producto de la combinación de sus verdes hojas con sus vivaces flores amarillas.

En medio de todos estos árboles afloran parches de tono amarillo radiante. Son las flores del árbol Corteza amarilla.

En la misma copa de un árbol se aprecian preciosas flores que van desde el color blanco hasta el rosado claro, éstas pertenecen al árbol Roble Sabana.

Otros que aportan flores rosadas son: el Cortez negro, las cuales son rosadas intensas. Y el muy común árbol de Madero, con flores color rosa pastel.

También se puede disfrutar el rojo chillón de la flor del Malinche.

Hay un árbol cuyas hojas y fruto parecen ser uno solo, pues, se confunden en un único tono verde. El gran árbol de Higuerón o "Mata palo" (por la costumbre de iniciar su vida como parásito de otra especie a la que elimina en el tiempo con su gran desarrollo) se muestra imponente en el límite del bosque.

Me queda por describir cientos de especies de árboles de este increíble bosque.

Aquí los amantes del avistamiento de aves podrán ver a la "lechucita enana" o majafierro. Se le escucha cantar de cinco a seis de la mañana, y de cinco a seis de la tarde. Tiene un canto singular que inicia con un "fi, fi" lento, luego acelera y baja el tono siempre acelerando.

La majafierro caza de día y de noche. He presenciado su encuentro con la Carpintera de Hoffman (un ave endémica de Costa Rica). Ellas pelean a muerte, pero siempre pierde la Carpintera. Con su pico ganchudo letal, la lechuza pigmea corta la garganta de su rival y luego la come. Es una efectiva depredadora.

Habita en este bosque el Toledo. Un precioso pájaro de color negro, espalda celeste y gorra roja, con una singular cola que se compone de dos largas plumas negras. Ver al Toledo hacer la rutina de competencia para aparearse es todo un espectáculo: "dos machos saltan alternando. Salta el primero, y cuando éste baja se impulsa el otro, repitiendo muchas veces su danza". El que baile mejor gana la oportunidad de aparearse con la hembra.

Desde aquí se hace un recorrido visual del paisaje, contemplando la sabana, montañas y playas.

La vista nos permite disfrutar de un exquisito paseo que inicia al norte con las montañas del Naranjo y las del Pochote en Nicaragua. Ya en Costa Rica se observan entre otras: playa Conventillos, el estero, playa Puerto

Soley, playa Papaturro, playa Copal, playa Coco, playa Jobo, playa Rajada, playa Rajadita, playa Pilas, playa Manzanillo, playa Junquillal, y playa Cuajiniquil. También la isla Bolaños, y las formaciones de Bahía Salinas, Punta Descartes, el Golfo y la Península de Santa Elena. Detrás de esta última se encuentran: playa Blanca, playa Nancite, playa Naranjo y Roca Bruja.

Disfrutando de todo esto dieron las cinco de la tarde. El celaje de la caída del sol me causó la sensación de paz, relajación, fuerza, vida y nostalgia.

– Cuando estés aquí te sentirás extasiado y sensible. Todo dependerá del estado de ánimo que tengas, y de la obra de arte que te pinte Dios ese día.

Esta vista es la que pintará el artista plástico José Fernando Zeledón García, desde el patio de la casa de su madre, Soledad García, en el año 2008.

Este paisaje inspirará a José Fernando para diseñar y pintar las imágenes de los billetes que se usarán en Costa Rica. En el año 2015 el billete de veinte mil colones diseñado por Zeledón será seleccionado por la revista web *TIME* entre los más lindos que circularán en el mundo.

La "Casa de la cultura" de La Cruz Guanacaste llevará el nombre de este genio, a quien los conocedores de las Artes le darán el título de "El pintor de las ciencias", por su trabajo en el retrato de animales y ecosistemas para revistas científicas e instituciones en Costa Rica y el mundo.

Zeledón García viajará a otros continentes para amasar una sólida educación y experiencia. Su último y mayor legado, el de los billetes costarricenses, lo ejecutará durante su estadía en La Cruz Guanacaste. Gracias, José Fernando Zeledón García (1968-2011).

Todo el territorio costero, la sabana y las montañas vistas desde aquí, eran los dominios de los árboles que ahora solo sobreviven en pequeños bosques.

La mayor parte de las especies maderables en el mundo actualmente están en peligro de extinción.

Capítulo 23

El maestro

Dejamos atrás el mirador de paisajes y nos dirigimos al norte. Caminamos hasta llegar a la tumba del maestro salvadoreño Marcelino García Flamenco.

Cada año se celebra la llegada de la "Antorcha de la Libertad" en el predio donde está ubicada esta tumba, reuniendo a miles de niños y adolescentes estudiantes para recordar las gestas heroicas de hombres y mujeres que construyeron la sociedad de paz y libertad, que goza la población humana de Costa Rica.

El maestro Marcelino García Flamenco nació en el Salvador el 15 de Setiembre de 1888. Después de graduarse como profesor en su país natal decide viajar por toda Centroamérica ejerciendo su profesión.

En Costa Rica enseñó en diferentes escuelas. Abogó por la enseñanza con igualdad de oportunidades, por eso se trasladó en 1918 a Buenos Aires de Puntarenas, muy lejos de la capital, para instruir a niños indígenas y campesinos de un poblado con apenas setenta familias, las que en su mayoría vivían en ranchos de paja. Estando allí repudia el asesinato político del diputado Rogelio Fernández Güell, opositor del gobierno de Federico Tinoco. Luego participa en la sepultura y discursa usando las palabras del asesinado Fernández. Por este acto es obligado a cerrar la escuela y a unirse al ejército.

Insatisfecho deserta del ejército y se traslada a Nicaragua para formar parte del grupo de detractores de Tinoco.

Con apenas treinta años, el 19 de Julio de 1919 es cruelmente asesinado durante "la Batalla del Ariete" aquí en La Cruz Guanacaste. Batalla llamada así porque en este lugar un ariete o bomba hidráulica impulsaba el agua para la comunidad.

La escena de su infortunio se suscitó a cien metros de distancia de esta tumba. Puedo ver los últimos momentos que precedieron a su muerte:

"Marcelino García se había quedado a auxiliar a sus compañeros heridos, pues, él tenía conocimientos médicos porque había sido voluntario de la Cruz Roja. Efectivos del ejército lo hieren, proceden a amarrarlo a un caballo que lo arrastra cien metros sobre el camino, y finalmente le prenden fuego aún con vida".

La muerte de García Flamenco resucitó el sentimiento libertario de los maestros costarricenses, que se alzaron en huelga propiciando la caída del gobierno, y la expulsión de Tinoco del país.

En la placa de su tumba reza: "Dio su vida por las libertades de Costa Rica".

Capítulo 24

El padrino

Salimos del perímetro de la tumba del maestro Marcelino García Flamenco, y tomamos rumbo este. La calle de lastre es muy amplia y plana, comparable a la playa del mar, pero con empalme de calles hacia la derecha e izquierda.

Era un pueblo con muchas casas, la mayoría construidas con madera, pero había otras casas de color gris cuyas superficies eran lisas, y no mostraban las desigualdades de superponer una tabla sobre otra.

El niño avanzó setenta y siete metros y llegó a la escuela. Frente a ella estaba un solitario árbol de Guayacán Real de aproximadamente catorce años, era muy pequeño para sus años de vida. Verlo me causó alegría, pues, no había visto otro árbol de mi especie desde que salimos de la finca de Miguel.

Caminamos bordeando el costado norte del parque central, hasta llegar a una banca sólida a la que el niño llamó "poyo". En el centro del parque había un quiosco donde jugaban un grupo de niños, de manera divertida. Sus risas sonaban con eco por la cercanía del precipicio que daba al sur del parque. El clima del lugar era agradable por la abundancia de grandes árboles de diferentes especies. Muchos amigos saludaron al niño, pero a ninguno mostró su botín. Solo presumía de poseer un árbol de Guayacán Real.

En la esquina noreste del parque otro grupo de niños jugaban con unos trozos de madera con forma cónica, tenían una pequeña cabeza, y en el extremo opuesto una aguda punta de metal. Escuché que les llamaban "trompos".

"Una cuerda con un pequeño lazo era sujetada en la cabeza del trompo, luego la hacían pasar por la punta e iban enrollándolo hacia arriba, hasta cubrir la mitad del cuerpo con el resto de la cuerda. Los trompos eran lanzados con fuerza hacia abajo, y a medio desenrollar la manila la halaban con fuerza hacia atrás. El objeto viajaba con dirección a sus iguales para impactarlos. Cuando toca el suelo el trompo cae de punta y gira rápidamente sobre su propio eje".

El niño y yo continuamos observando la competencia:

"Mientras el trompo giraba, los niños colocaban su mano en el suelo. Con la palma de la mano hacia arriba, abrían sus dedos medio e índice, y este último con una pequeña acción de palanca hacia arriba, hace ingresar el trompo en movimiento en la palma de la mano. Acto seguido, levantan la mano con el trompo girando, y con fuerza lo tiran para golpear el trompo que yace inmóvil en el suelo. De esa forma sacaban el trompo del adversario del círculo marcado en tierra para llevarlo por turnos a una línea distante, y de vuelta otra vez al círculo. El primer trompo en ser ingresado al círculo por otro jugador era el perdedor. Los ganadores tenían el derecho de golpear el trompo perdedor con la punta de metal de su trompo ganador. A esa grosería le decían mecos".

"El trompo del perdedor fue empotrado dentro de la tierra para inmovilizarlo, y procedieron uno a uno a golpearlo, produciéndole profundos huecos en su cuerpo. El último niño procedió a sacar de la bolsa de su pantalón un trompo grande de color negro. El niño perdedor se rebeló contra él, diciéndole:

—No se vale, la vez pasada me partiste el trompo en dos con ese trompo de Guayacán Real.

Entonces sacó su trompo de la tierra, de forma fugaz plantó carrera, y se fue sin pagar la deuda".

Salimos del parque. Caminamos doscientos diez metros en dirección este y llegamos a la casa del niño. Él abrió un portón de metal e ingresó en un corredor. Observé que en el edificio del frente tenían pintada la imagen de una cruz roja.

Entramos en la casa. Las divisiones del interior estaban hechas con madera de pochote. Cruzamos la sala hasta llegar a la cocina. Ahí nos recibió una mujer a la que el niño llamó "Mami". Ella le saludó con un beso en la mejilla. Luego salimos por la puerta que da al patio.

El niño nos dejó a las iguanas y a mí bajo la sombra de un árbol de naranjo agrio, y durante algunos minutos tuvimos un descanso.

Mami gritó varias veces:
—¡Vengan a comer!
El llamado me despertó. El niño vino hacia mí, me tomó entre sus manos e ingresamos otra vez en la cocina. En ella estaban Mami y un hombre de estatura media y de cuerpo atlético, a quien el niño llamó "Papi".

La cena se sirvió en la mesa de la cocina. A la cita llegaron dos niñas, por su apariencia supe que eran hermanas del niño. Ellas saludaron y se sentaron junto él, luego esperaron que Mami y Papi se les unieran para iniciar a comer. Entonces todos dieron gracias a Dios y procedieron a consumir los pescados que trajimos del mar. Al finalizar el niño salió al patio e introdujo el saco en la cocina, lo abrió, metió sus manos en él y aproximó las iguanas a sus hermanas. Las niñas mostraron temor a los reptiles, le dijeron a su hermano que pagaría por esa broma de mal gusto. Mami intervino poniendo orden entre los niños.

Mientras tanto, Papi estaba extasiado contemplándome, y le preguntó al niño:
—¿De dónde viene este Guayacán Real?
El niño le contestó:
—De la finca de tío Andrés.

Mami llamó a Papi diciéndole "Leo", y él le respondió con la palabra "Amor".

Leo se dirigió al niño y le dijo:
—Mañana hay que sembrar este Guayacán Real.
Leo se levantó, fue a la pila de lavado, tomó agua del grifo, regresó, y depositó el agua dentro de mi bolsa.

Todos salieron de la cocina. Una hora más tarde la casa quedó a oscuras y en silencio.

Mientras los demás dormían, una de las niñas se levantó, cruzó los aposentos, abrió lentamente y sin hacer ruido la puerta que da al patio. Salió en dirección al árbol de naranjo agrio, cogió el saco donde estaban las iguanas, le soltó el nudo, tiró rápidamente la boca del saco hacia abajo, y dando saltos silenciosos se alejó. Después se refugió detrás de la puerta de la cocina, porque temía que del saco saliera un dinosaurio u otro monstruo parecido.

Las iguanas salieron del saco. La niña satisfecha cerró la puerta, y sonrió largamente hasta llegar a la cama.

En la mañana el niño salió a buscar a las iguanas, y no las encontró. Después de ese día es muy común ver en los techos de los vecinos algunas iguanas. Las iguanas no solo sobrevivieron, también se multiplicaron.

Como lo habían prometido Leo y el niño, muy temprano por la mañana procedieron a sembrarme en el frente de la casa, justo en el sitio donde actualmente estoy.

A partir de ese día, Leo se encargó de mi mantenimiento. Cada día me regó, me abonó mensualmente, y estuvo atento a todas mis necesidades. Desde entonces mi mentor, mi guardián, mi amigo y "Padrino" llegó a ser Leonardo Mora Briceño, a quién cariñosamente le conocen en esta comunidad con el diminutivo de "Leo".

Capítulo 25

La revolución

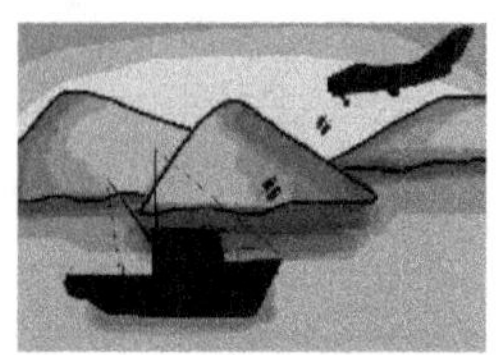

A principios del año 1979 en La Cruz Guanacaste vivíamos con tranquilidad, pero la paz tuvo una pausa. A finales del mes de mayo el precioso paisaje de la Bahía se transformó en el más espectacular fuego artificial.

Nicaragua vivía una guerra civil entre La Guardia Nacional y el Frente Sandinista de Liberación Nacional.

El 29 de mayo el FSLN de Nicaragua orquestaba la toma de la comunidad de "el Naranjo" y "la Colina 155" en el sur nicaragüense. Era necesario ganar la batalla en estos sitios para controlar el sur de Nicaragua. Estas dos locaciones están a la vista desde el mirador de La Cruz Guanacaste.

Barcos de guerra, aviones y helicópteros de la Guardia Nacional descargaban todo tipo de municiones contra los revolucionarios atrincherados en la montaña. En ella, tanto los revolucionarios como el ejército nicaragüense se pertrechaban para defenderse y atacar por turnos. Se considera que éste fue el sitio de menor dimensión donde murió la mayor cantidad de gente de la última guerra civil de Latinoamérica.

Los guardias y revolucionarios se enfrentaban las veinticuatro horas del día. Los aguaceros torrenciales elevaron los niveles del río Naranjo, que también sumó muertes por ahogamiento. Las montañas de El Naranjo alojan muchos árboles de Guayacán Real. A través del entramado de las raíces de estos árboles, las noticias buenas y malas se desplazaron y llegaron hasta mí. Eran imágenes dantescas. todo el odio desbordado de la furia de un hermano contra otro, pero también los episodios de altruismo y amistad en medio de tanto horror.

Una noche todos fuimos a dormir. Al día siguiente amanecimos con ruidos delirantes. La sirena de la Cruz Roja costarricense lloraba muy fuerte y sin fin, para que toda la fuerza humana cruceña acudiera a apoyar la emergencia. Yo estaba en medio de la gente que corría de un lado a otro. Había gran movilización policial, y los cuerpos de socorro estaban en alerta máxima. Era el 12 de junio, día en que se intensificó la ofensiva guerrillera en Sapoá de Nicaragua, porque los revolucionarios tenían la intención de tomar la ciudad de Rivas.

La guerrilla sandinista de Nicaragua se había posicionado en Sapoá de Nicaragua y en el sur de Nicaragua, zonas limítrofes con Costa Rica. Los enfrentamientos en ambos lugares fueron cruentos. Gran cantidad de heridos debían ser atendidos diariamente. Por razones humanitarias Costa Rica les dio albergue a los heridos de la Revolución.

En La Cruz Guanacaste no contábamos con hospitales, y el servicio de salud era limitado en la ciudad, por tanto, los heridos fueron albergados en las casas de las familias cruceñas.

La mayoría de los heridos eran jóvenes nicaragüenses que llegaron a ser residentes temporales en La Cruz Guanacaste durante su recuperación.

Es digno de admirar el compromiso humano de los cruceños. En la casa de Leo se recuperaron varios heridos, creando fuertes lazos de amistad. Primero llegó Alan. Joven de veintiún años, grueso como el tronco de un viejo Guayacán Real, por eso su pseudónimo era Pilón. Luego llegó Francisco. Era de Chinandega, de aproximadamente veintiocho años. Le pusieron el sobrenombre de "Cuchillo", porque le dio un cuchillo de defensa a Leo. El último fue "el mexicano", un tipo delgado de cuarenta y dos años.

Una mañana cuando se servía el desayuno el mexicano dijo que no podía comerlo, porque sus amigos en combate estaban peleando con el estómago vacío.

El lazo con Pilón fue muy grande. Al irse prometió volver a esta casa, pero un informe proveniente de la zona de guerra indicó que Pilón había muerto en batalla. Algunos heridos que vinieron a La Cruz Guanacaste se recuperaron, volvieron a la acción, y al igual que Pilón murieron en combate.

Esta fue una época de incertidumbre. Fueron meses de mucho temor, dolor y muerte.

Vivimos una guerra que cruzó nuestra frontera, y al igual que los Guayacanes Reales, la niñez y juventud nicaragüense estuvo en peligro de extinción.

Capítulo 26

En peligro de extinción

En la segunda mitad de los noventa yo contaba con veintiún años. Me había transformado en un árbol excepcional, con una altura de cuatro metros y una copa de seis metros. Estaba sembrado en la acera, a poco menos de un metro y medio del límite de la carretera.

Un día los empleados municipales me visitaron e hicieron mediciones. Los escuché decir "que ampliarían la carretera. Yo estaba muy cerca del nuevo límite, por tanto, debían talarme".

Días después los mismos empleados se presentaron a la casa de Leonardo Mora. Él los recibió y procedió a escucharlos. Le dijeron que "por ampliación de la carretera debían cortar el árbol que está en la acera del frente". Leonardo frunció el ceño en señal de desacuerdo y les contestó:

—No estoy de acuerdo, primero voy a hablar con el ejecutivo municipal. Por favor, no hagan nada hasta que tenga su respuesta.

Leonardo Mora salió afanosamente hacia la Municipalidad. Poco después volvió acompañado con el ejecutivo municipal. El jefe les dio indicaciones a los servidores municipales de no talarme, pero debían aplicarme podas en las ramas que daban hacia el sur para evitar mi desarrollo en esa sección. En ese momento varios amigos de Leonardo Mora y algunas personas que me habían visto crecer, entre ellos, mi gran defensor Fabio Murillo, se juntaron para conocer la respuesta. Consintieron a medias, y esperaron para ver la ejecución de la orden.

El equipo de corta llegó. Una motosierra que rugía como un perro bravo se posó frente a mí. Entonces tomé valor para enfrentar a mi enemigo.

Inició el primer corte, a partir de ese momento no fue nada fácil el trabajo, pues, la máquina se agotaba conforme penetraba en el corazón de mis ramas.

El rostro de mis amigos era de frustración y negación.

El trabajo duró dos horas. La sierra y el hombre terminaron extenuados.

Mis amigos se acercaron para darme cariño. Tocaban mis partes expuestas por el corte como lo haría un padre sobre la herida de su hijo amado.

En los siguientes días recibí la visita de gran cantidad de vecinos y amigos. Decían que aquello había sido una barbarie. Pero algo especial estaba ocurriendo dentro de mí, las heridas sanaron muy rápido y una sensación de desarrollo me invadió. Sí, mi cuerpo creció más rápido de lo normal hacia el norte, este y oeste. Lo que en un principio sería mi fin se transformó en un acto que me fortaleció.

Gracias, amigos, en especial a mi mentor, Leonardo Mora. Sin su intervención habría sido imposible que leyeras esta historia, mi historia de supervivencia.

Desde ese día los amigos de Leonardo Mora y la comunidad me conocieron como el árbol de Leo. Más adelante un loco amigo me bautizaría con el nombre de "Leo el Guayacán Real", al considerar que en mí está el espíritu de Leonardo Mora.

Mi vida estuvo en manos de la gente. Llegué a conocer en madera propia lo que realmente significa "en peligro de extinción".

Capítulo 27

Un loco decidido

Muchas personas visitan a la familia de Leonardo Mora.

A inicios del mes de julio de 1984 llegó la segunda hija de Leo en compañía de un joven de quince años. Era de estatura media, delgado, y con la cabellera al estilo de Michael Jackson. Ella lo llamaba "Tali". Los dos jóvenes conversaron íntimamente largo rato en el corredor de la casa. Cuando se despidió de ella el muchacho pasó a mi lado, me miró fijamente, acarició mis hojas y se fue. A partir de ese día él decidió cortejar a la chica. Sus visitas se hicieron frecuentes, al punto de venir todos los días por la noche. Muchas veces fui el único espectador de las muestras de cariño de los enamorados en el corredor de la casa. Hasta llegué a escuchar sus promesas de amor.

Ella partió el año siguiente para estudiar en la universidad ubicada a trescientos kilómetros de distancia. Él volvía cada mes cuando ella venía de visita a la casa de Leo.

Entre los años 1986 y 1987 sus encuentros aquí fueron pocos, porque él decidió trasladarse a la capital para estudiar y estar cerca de ella.

El 28 de mayo de 1988 tomaron la decisión de unir sus vidas y se casaron. Empezaron a visitarme cada tres meses, también en Semana Santa y Navidad.

Decidieron ser padres, y en diciembre de 1989 vinieron con un miembro más, la primera nieta de Leo.

El tiempo transcurrió. En el año 2010 tomaron la decisión de comprar esta propiedad y desde entonces viven conmigo.

En octubre de 2013 Tali y yo nos conocimos ampliamente, pues, él decidió trasladar aquí el restaurante de pizzas. En noviembre descubrió mis primeros hijos y tomó la decisión de trasplantarlos y cuidarlos.

En ese año Tali hizo la siguiente analogía entre la vida de Leonardo Mora Briceño y la mía:

"Leo Mora con sus escasos recursos económicos y con apoyo del Estado logró el objetivo de profesionalizar a sus cuatro hijos, porque en Costa Rica la educación es gratuita y obligatoria. Sus tres hijas son licenciadas en educación, y su hijo trabaja desde hace treinta años para una oficina del Gobierno. Yo por mi parte tengo hijos que bajo mi amparo crecerán sanos y fuertes, y serán reproductivos para que cumplan la misión de rescatar a mi especie del peligro de extinción. Los hijos de Leo Mora y mis hijos tienen la responsabilidad de impactar a sus respectivas comunidades para darles oportunidades de sobrevivir".

Con ese argumento, Tali me bautizó con el nombre "Leo el Guayacán Real".

Capítulo 28

La pizza

En el año 2014 Tali creó el proyecto de recuperación y reforestación del árbol en peligro de extinción, al que denominó "Los hijos de Leo el Guayacán Real". Éste llegaría a ser el programa de responsabilidad social ambiental del restaurante "Pizza Café La Cruz".

A final del año 2008 abre sus puertas Pizza Café La Cruz. La pizzería nació para los niños y adolescentes de La Cruz Guanacaste. Un lugar para disfrutar de la pizza, porque aquí no había oferta. En efecto, la mayoría de los clientes eran jóvenes y niños, que solicitaban a sus padres venir a comer pizza en el sitio o llevarlas a sus casas.

En el año 2009, fiel a su idea de devolver el cariño que los clientes de la pizzería le daban con su preferencia, Tali crea el programa "Trocitos de amor" en Radio Cultural La Cruz. Este nombre hace alusión a los niños de la comunidad. Durante una hora, el sábado de cada semana se comunicaba con los niños en vivo, escuchaba sus comentarios y saludos, felicitaba a los cumpleañeros, ponía música infantil, cantaban karaoke en vivo, abordaba un tema de interés familiar, y al final realizaba la rifa de pizzas entre los niños participantes. El programa estuvo exitosamente al aire por tres años, hasta que los compromisos llenaron la agenda de su fundador.

Él siguió buscando opciones para el programa de Responsabilidad social y lo encontró conmigo:

"Mientras trabajaba en la pizzería hizo una investigación del ciclo de vida de mi especie, me visitó diariamente para conocer mi proceso reproductivo, recolectó mis semillas para luego germinarlas, y así obtuvo miles de mis hijos. Utilizó los recursos del restaurante para asumir la creación y los costos operativos de mi proyecto. Además, visitaba las escuelas, colegios y universidades de Costa Rica para sembrar a mis hijos, y darnos a conocer. Por tanto, la madre de mi proyecto es Pizza Café La Cruz. Ella ha soportado nuestra inversión en tiempo y recursos desde el año 2014. Actualmente el objetivo del proyecto supera la capacidad de su patrocinadora, por lo cual requiere de una nueva gestión e inversión para la ejecución del plan de nuestro rescate.

"Mis hijos y yo te damos gracias infinitas, Pizza Café La Cruz. Fuiste la madre de mis primeros hijos, y de esa manera iniciaste el camino para salvarnos del peligro de extinción".

Capítulo 29

El éxodo cubano

En octubre de 2015 las sirenas de mi vecina, la benemérita Cruz Roja Costarricense, sonaron intensamente por más de una hora. Era un llamado urgente para que todos los socorristas permanentes, temporales y voluntarios se presentaran inmediatamente a dar servicio. Esta alarma fue idéntica a la que sonó varias veces durante la emergencia de la Revolución de Nicaragua en el año 1979. No era común escucharla.

Horas antes miles de inmigrantes cubanos habían atravesado la frontera de Costa Rica con Nicaragua.

Los cubanos ingresaron a Nicaragua en un bloque compacto con recién nacidos, niños, adolescentes, jóvenes, adultos y adultos mayores. La cantidad de personas era equivalente a la tercera parte de la población de la comunidad de La Cruz Guanacaste.

Los inmigrantes habían recorrido unos pocos kilómetros con rumbo a Rivas de Nicaragua, y fueron interceptados por las autoridades policiales de Nicaragua, generando un caos, producto de la prohibición de continuar avanzando en el país vecino.

La decisión de los cubanos fue de volver a Costa Rica. Esto provocó una alerta humanitaria nacional para que las instituciones del estado costarricense recibieran y albergaran a cinco mil personas en nuestro pequeño cantón. En horas de la noche la actividad de este pueblo cambió notoriamente. Las escuelas, colegios, gimnasios, salones comunales, iglesias, y todo tipo de infraestructura para actividades masivas fueron utilizadas para alojar a las personas que retrocedieron en su ruta hacia los Estados Unidos.

Por la mañana la situación nos pintó un paisaje nunca visto. Gente nueva, diferente en aspecto y en su forma de hablar, estaba entre nosotros. Hacían muchas preguntas acerca de la nueva locación, la búsqueda de refugio, alimento, atención médica y todo tipo de necesidad. Fue un giro de más de trescientos sesenta grados en las actividades diarias de esta comunidad.

Bajo mi sombra se amontonaban más de cien personas. Hablaban de todo tema, inclusive, de cosas que no pude comprender de inmediato. En esos días aparecieron en mi vida tres nuevos amigos: Alexis López, Raúl y Armando. Eran muy diferentes entre ellos en todos los sentidos, pero muy unidos por el mismo fin, el de llegar lo más pronto posible a conseguir el sueño americano. Frecuentaron a menudo mi casa para comprar alimento, y por la disponibilidad de internet gratuito en el establecimiento. Tan común fue su presencia que hicieron amistad con Tali y su familia. En el mes de diciembre los tres trabajaron en el traslado, instalación y venta de pizzas en las ferias del pueblo.

Estos amigos cubanos tenían todo planeado para cruzar Nicaragua y continuar hacia los Estados Unidos.

Armando se fue antes. Tres días después salieron Alexis y Raúl con un grupo de ciento veintiséis cubanos. Caminaron durante cinco días en la selva nicaragüense. El coyote contratado para llevarlos hasta Honduras los abandonó en media montaña. Once cubanos eran de una misma provincia, entre ellos Raúl y Alexis. Alexis les sugirió continuar, pero solo Raúl estuvo dispuesto a acompañarlo. Ambos continuaron avanzando durante dos noches hasta que llegaron a un pequeño poblado en el que una samaritana les dio alimento, y descansaron dos horas para recuperar las fuerzas. Después del descanso llamaron a un coyote que un amigo en Estados Unidos les recomendó. El baquiano los dirigió durante dos noches hasta que llegaron a la frontera con Honduras. Ahí pasaron la Navidad, porque la frontera estaba cerrada en días festivos.

El 31 de diciembre a las ocho de la mañana Alexis y Raúl ingresaron en la oficina de Migración en el paso entre México y los Estados Unidos. Al dar el reloj las doce media noche dieron el primer paso dentro de los Estados Unidos. Los recibieron con fuegos artificiales. Era la celebración del final del año 2015 y el inicio del 2016 en los Estados Unidos. Alexis y Raúl celebraban el inicio de una nueva vida, y el final de una travesía donde sus vidas estuvieron en peligro de extinción.

Capítulo 30

Bonsái

Les regalo este capítulo a todos los amantes del bonsái en el mundo.

La mayoría de los árboles de Guayacán Real en nuestros primeros años de vida crecemos horizontalmente.

Algunos amigos de mi especie con más de catorce años tienen la forma de una sombrilla abierta, con una agarradera que no desarrolla su longitud telescópica, pues, sus troncos no superan los cuarenta y nueve centímetros de altura, y su copa puede tener una envergadura de hasta dos metros. Engracia mi hija tiene catorce años y una altura de veintiún centímetros.

Es común que las personas digan que no crecemos. Pues bien, los Guayacanes Reales somos árboles extremadamente lentos en desarrollo. En nuestros primeros años el efecto directo de los rayos solares nos obliga a producir hojas tres veces más pequeñas que las de los árboles adultos. Así mismo es el desarrollo de nuestro tallo y ramas, porque producimos la madera más densa y pesada de América.

Normalmente nos desarrollamos en suelos cascajosos y faltos de nutrientes. Como promedio requerimos de veintiún años para alcanzar la altura de tres metros.

Nuestra fisonomía difiere mucho de la de árboles cónicos muy usados en el bonsái. Yo soy un árbol de ciento cincuenta y cuatro centímetros de circunferencia, equivalente a cuarenta y nueve centímetros de diámetro en mi base en tierra. A un metro de altura mi circunferencia es de doscientos cuarenta y dos centímetros, es decir, setenta y siete centímetros de diámetro. En vez de reducir mi tronco he duplicado mi grosor a mayor altura, lo cual me hace excepcionalmente diferente a las especies que se utilizan regularmente en el arte del bonsái. Mi altura es de siete metros, y mi copa dibuja medio círculo natural perfecto de catorce metros de largo.

Algunos árboles de Guayacán Real en La Cruz Guanacaste me superan en edad, sin embargo, por diferentes factores su altura es inferior a tres metros.

Por estas razones nos consideran árboles bonsái naturales, y el árbol ornamental número uno en Costa Rica.

Capítulo 31

Guaiacum sanctum

Una mañana Tali subió a lo alto de mi copa con libros y cuadernos en mano para registrar una investigación acerca de mi taxonomía. Al finalizar me dijo lo siguiente:

–A ver, Leo, esto tiene que ver contigo.

"En el siglo XVIII el doctor y naturalista sueco, Carlos Linneo, organizó la información del Reino de las plantas. La taxonomía ordena los organismos en un sistema de clasificación por jerarquía, usando las relaciones de parentesco entre los organismos. De lo general a lo particular el orden utilizado es: Reino, Filo, Clase, Orden, Familia, Género y Especie".

–Escucha qué curioso, Leo, tú tienes mucha relación con este tema, porque los sinónimos para describir este sistema son: Árbol Genético o Árbol Genealógico. Pero continuemos.

"Para identificarles se usan nombres en latín".

–Leo, ahora voy a mostrarte tu taxonomía.

Reino:	*Plantae*
Filo:	*Magnoliophyta*
Clase:	*Magnoliopsida*
Orden:	*Sapindales*

Familia: *Zygophyllaceae*

Género: *Guaiacum*

Especie: *Guaiacum sanctum*

–Ya sabes, Leo, eres de la especie *Guaiacum sanctum*.

Luego me dio una larga explicación, tocando y haciendo uso de mis partes.
Tali finalizó su discurso y se retiró.

Quedé sumido en mis pensamientos y razoné:

"Los Guayacanes Reales pertenecemos al Reino "Plantae". Somos plantas terrestres multicelulares eucariotas, pues, nuestras células poseen un núcleo definido. Nos llaman autótrofas porque producimos nuestro propio alimento a través de la fotosíntesis. Tenemos vasos conductores para el transporte de nuestros líquidos vitales, eso nos hace traqueófitas. Además, somos espermatofitas, es decir, plantas vasculares que producimos semillas".

"Somos parte del Filo "Magnoliophyta", también llamadas angiospermas: *angión* de vaso, y *sperma* de semilla. Mis semillas se desarrollan y al madurar se encuentran encerradas o envasadas en un fruto vestido por un arilo carnoso de color rojo vivo".

""Magnoliopsida" o dicotiledóneas es el nombre de nuestra Clase, porque tengo en mi primera etapa de desarrollo dos cotiledones que produjeron mis dos primeras hojas".

"En el Orden "Sapindales" poseemos dos verticilos, es decir, disposición de tres o más órganos que brotan de un mismo nudo del tallo, como lo son: "la rama, hoja, flor y semilla", y, "el pétalo, sépalo, estambre y pistilo".

Además, mi flor es pentámera, por contener cinco pétalos y cinco sépalos que se ubican sobre el receptáculo y sobre el punto de inserción de las otras partes florales. El ovario es la parte alta de mi flor, o sea, mis flores tienen un ovario súpero".

"Pertenezco a la Familia "Zygophyllaceae", por ser una planta leñosa halófila: *halo* de sal y *filo* de amante, es decir, somos individuos amantes de la sal, por eso crecemos cómodamente en ambientes cercanos a las costas del mar. Y también somos xerófilas: *xero* de seco. Amamos lo seco. Estamos adaptados a medios con poca humedad, porque tenemos la capacidad para resistir la escases de agua de territorios áridos y ambientes en extremo secos como el de la costa Pacífica de Costa Rica".

"Mi Género es "Guaiacum", una palabra que deriva del nombre indígena "guaiac" de guayaco. Los guayacos somos árboles nativos de las regiones tropicales de América. Estamos distribuidos en las islas del Caribe, Bahamas, el sur de la Florida, la Península de Yucatán y en la costa Pacífica de Centroamérica hasta finalizar en Costa Rica. Sobrevivimos en suelos rocosos pobres. Crecemos muy lentamente y alcanzamos alturas entre los diez y veintiún metros. Producimos el aceite de guayacol, una resina que es usada para contrarrestar toda la gama de enfermedades respiratorias y varios malestares comunes. El aceite de guayacol biológicamente restablece tejidos y fortalece el sistema inmunológico. Es usado por vía externa para el dolor de muelas, afecciones de la piel y la artritis. Además, es útil en la detección de sangre en las heces cuando entra en contacto con la hemoglobina, cambiando su coloración a azul. Esta prueba llamada "de guayaco" puede ser útil para suponer la presencia de pólipos intestinales y cáncer colorrectal".

"Para aterrizar este tema, mi Especie es "Guaiacum sanctum". Palabra proveniente del latín *sanctus* que significa sagrado. Fuimos considerados árboles sagrados por indígenas y colonizadores, debido a nuestra capacidad de curar diversos males. También nos llamaron el Guayacán de América. Pertenezco a una de las dos especies que producimos la madera *Lignum vitae*. Somos árboles caducifolios, también llamados "siempre verdes". Tenemos un tronco nudoso con aproximadamente setenta centímetros de diámetro en edad adulta, y la corteza blancuzca. Mis hojas son compuestas, opuestas y paripinadas, es decir, con dos foliolos a cada lado cuyas dimensiones son de entre tres a diez centímetros de largo y tres centímetros de ancho, y de color verde oscuro. Producimos flores que van desde el color azul claro hasta el púrpura, de doce milímetros de largo y ocho milímetros de ancho, con diez estambres que poseen anteras amarillas. Nuestras semillas son de color negro, cubiertas por un arilo carnoso color rojo, y contenidas en un fruto color amarillo al madurar. Nos han dado diferentes denominaciones, entre ellas guayacán real, palo santo, árbol de hierro, *Lignum vitae*, y árbol de la vida.

Bien, con esto ya es posible que puedas identificar a un árbol de Guayacán Real de cualquier otra especie arbórea.

Capítulo 32

Lignum vitae

Me gustan las historias místicas que mencionan objetos, elementos esenciales, sustancias y pócimas mágicas capaces de lograr lo imposible. Les menciono algunas:

"El Arca de la Alianza". Un cofre divino que contiene las tablas con los diez mandamientos dados a Moisés durante el éxodo de los israelitas. Poseedora del poder sagrado con el cual llegaron a conquistar la Tierra Prometida.

"La fuente de la juventud de Heródoto" del siglo IV antes de Cristo.

"El vellocino de oro". El cual haría a Jasón el rey de Yolco en Tesalia de Grecia.

"La piedra filosofal". La mayor búsqueda de la alquimia en la Edad Media. Capaz de transformar metales de poca monta en oro puro, y de llevar a la inmortalidad a quien la posea.

"Los horrocruxes de Harry Potter". Receptáculos que contienen parte del alma de su creador para lograr la inmortalidad.

Todas estas historias tienen algo en común: "el deseo de alcanzar lo imposible a través de la fe en ellos".

Versan mis predecesores que:

"A finales del siglo XV los colonizadores españoles encontraron el Nuevo Mundo. Los Reyes católicos de España ampliarían su reino al reclamar el descubrimiento y conquista de estos confines, y a través de la conversión de los habitantes de las nuevas tierras al cristianismo. Fue de gran importancia la obtención de riquezas en oro, plata y diferentes variedades de piedras preciosas, que por miles de años habían extraído los indígenas, además, todo tipo de producto exótico de la recién descubierta América. El almirante Colón de regreso a España llevó estos bienes como evidencia de su descubrimiento, y para el pago a la inversión hecha por los Reyes de España en el patrocinio de su viaje. También trasladó con él un grupo de pobladores de la nueva raza, nunca vista en Europa.

Muchos marineros que viajaron a América con Colón no retornaron a España en el primer viaje de regreso, por lo tanto, se mezclaron con los lugareños y aprendieron sus costumbres. Estos visitantes se adentraron en los bosques acompañados por baquianos indígenas. Los sentidos de los exploradores estallaron al contacto inmediato con un mundo nuevo de aromas, formas, colores y ritmos desconocidos que les proporcionaba la selva tropical. El verde de las hojas y la variedad de flores de amplio espectro de colores contrastaban armónicamente con los tonos café, marrón y gris de los troncos y ramas de los árboles. Así llegaron a conocer la gran variedad de especies arbóreas de las montañas y valles, que por primera vez los recibían. Los nuevos sonidos de la montaña sobrecogían abrumadoramente a los expedicionistas, pues, estaban expectantes de ver toda cosa bella, pero alerta ante la presencia de algún mítico monstruo. Los colonos encontraron aquí el paraíso perdido por Adán y Eva, porque sus sentidos le trasladaron al máximo estado de éxtasis.

Para los indígenas el ingreso al bosque era una necesidad. Les permitía obtener de él los recursos para la vida: alimento, seguridad, abrigo, calor y salud. Penetrar en el bosque implicaba pedir permiso a la tierra firme que sostiene todo en perfecto equilibrio. Los animales del bosque les permitían el acceso y permanencia, porque la relación con ellos se basaba en el respeto de los dominios. Al encontrarse frente a frente prevalecía la continuidad de la vida. Con los árboles ocurría algo semejante. Antes que la persona utilizara algún recurso de un árbol vivo era necesario comunicarse con su alma, pedirle permiso y aprobación para tomar una parte de él, que no pusiera en peligro su supervivencia.

Los europeos por primera vez se encontraron con un organismo vivo sólido como el hierro, y lleno de savia como el mejor potro pura sangre conocido. Entre todas las especies de árboles exóticos que descubrieron les creó gran expectación éste. El uso de la medicina natural de los indígenas los trajo hacia nosotros. Éramos miles y gran cantidad superábamos los mil años. El nuevo pasante se dio cuenta que el lugareño visitaba a menudo estos árboles. Eran de talla mediana con una copa redonda y extendida. Poseían una maraña de ramas que en su recorrido de base a punta cambiaba constantemente de dirección, entrecruzándolas. El color verde turquesa de sus hojas se distinguía entre los demás tonos verdes del resto de la vegetación. Los indígenas le realizaban extracciones de hojas y corteza que el mismo árbol defoliaba. También ramas secas que aún formaban parte del árbol, pero que estaban sin vida, y resultaban en deterioro hasta caer.

De vuelta en sus chozas, las hojas y corteza se ponían dentro de un recipiente de barro con agua. Después se exponían al fuego hasta hervir. Luego era ingerido por personas con algún padecimiento muscular, estomacal, de cabeza, muela, huesos y más. También se usaba para mitigar el catarro y la gripe. En estos últimos se utilizaba el calor del vapor que subía hasta empapar la cabeza, cara y cuello, y a la vez era inhalado para que su vapor ingresara en las vías respiratorias. Al usar una cantidad mayor del brebaje y beberlo, lo convertía en un efectivo laxante. Pronto dieron cuenta que el agente medicinal del árbol era la presencia de una savia aceitosa de sabor amargo, y con un delicioso olor característico de esta especie.

Por todas estas bondades curativas fuimos condecorados por los colonos con el título *Lignum vitae* o "Madera de la vida".

Nuestra madera posee una resina que aporta el treinta por ciento de la masa total de nuestro cuerpo. Este aceite nos acompañará eternamente, aún después de llegar a ser materia inerte.

El *Lignum vitae* fue el producto en el que los indígenas depositaron su fe en nosotros. Muchos lograban mejorar su salud con los dos componentes de esta medicina, a saber, el remedio y la confianza. Por estos motivos los árboles de Guayacán Real llegamos a ser para los nativos y los conquistadores: el "palo santo" que lo cura todo.

Otras particularidades adicionales de nuestra madera es la dureza y densidad, igual a una pesada roca sólida. Tales características despertaron en el visitante el deseo de conocer todo acerca de nosotros a través de los indígenas. Su gran descubrimiento fue asociar las propiedades curativas con la enfermedad del mal de bubas. En ese momento despertó en ellos el ávido deseo de poseernos, transformándonos en uno de los bienes más preciados de inicios del siglo XVI."

Con estas palabras mis predecesores concluyen el relato:

"Todas las creencias del mundo antiguo se fusionaron en una. La nueva piedra filosofal llegó a tener nombre y representante: ¡Su Majestad, el *Lignum vitae*!"

Capítulo 33

Sífilis

"Históricamente los humanos han practicado el deporte de la guerra. Desde el nacimiento del segundo hijo de la humanidad han estado en lucha contra su hermano. Para mí es completamente imposible desear la extinción de alguno de mis árboles hermanos".

A finales del siglo XV Europa estaba en guerra. Luchaban para ganar la posesión del mar Mediterráneo por intereses comerciales. El rey Carlos VIII de Francia había planeado todo con anterioridad, firmando tratados de paz con borgoñeses, ingleses y aragoneses. De esa manera ingresó sin esfuerzo a Italia en 1494, iniciando la guerra.

El almirante Cristóbal Colón descubrió América en octubre de 1492. En enero de 1493 realiza el viaje de retorno a España llegando en el mes de marzo. Su tripulación se compone de marineros y siete indígenas. Colón viajó entre América y España en 1493, 1498 y 1502.

Carlos VIII venció en sus lides hasta ganar Roma, la autoridad del Papa y por último Nápoles. Eso no agradó al Rey católico Fernando de España, por ello se alió a los reinos que adversaban a Carlos VIII. Juntos enfrentaron al ejército francés, infringiéndoles sendas derrotas.

Después de varias batallas obligaron a las tropas de Carlos VIII a retirarse de Italia en octubre de 1495.

Anteriormente un grupo de marineros que viajaron con Colón a América emprendieron el viaje de regreso a Europa, y se hicieron mercenarios del ejército francés, en el que había soldados holandeses y suizos, y de muchas otras nacionalidades. Eran conocidos los excesos y la mala reputación de estos soldados.

Después de ser derrotados, cinco mil soldados del ejército francés iniciaron el viaje de retorno a sus respectivos países. Caminaron cien kilómetros para llegar al puerto de Nápoles, y contrajeron la enfermedad que mataría a la mayoría. De esa forma la peste se distribuyó por toda Europa.

A la nueva epidemia se le llamó inicialmente "mal francés" o "morbo gálico", porque creyeron que los responsables de su difusión eran los hombres del ejército francés. Se culpó principalmente a los que se hicieron soldados luego de regresar con Colón de América, pues, consideraron la atroz idea, que la peste provenía del contacto de éstos con las indígenas del Nuevo Mundo. Al inicio la enfermedad se confundió con la lepra, al observar entre sus síntomas granos en la cara, boca y el resto del cuerpo; la aparición de vesículas en los órganos sexuales del varón, y de fuertes dolores de brazos y piernas.

Su aparición repentina y el desconocimiento de la misma enfermedad dieron pie a la pandemia, y la muerte masiva de personas en Europa.

Así inició el controvertido debate de la llegada de la sífilis a Europa. Una enfermedad humana de transmisión sexual y fetal muy contagiosa, y de evolución crónica. En su etapa inicial los síntomas son poco notorios y de corto tiempo, luego viene un periodo prolongado de latencia, por último, si no es bien tratada produce afectación de los órganos internos, parálisis corporal, demencia, ceguera y la muerte. Todo esto es producto de la insignificante, pero muy agresiva bacteria *"Treponema pallidum",* una espiroqueta en forma de sacacorchos que apenas mide veinte micras de largo.

Capítulo 34

Primer holocausto

Los europeos dirigidos por Cristóbal Colón llegaron a América en 1492, en una expedición patrocinada por la Reina Isabel de Castilla y el Rey Fernando de Aragón.

Colón arribó primero a la isla Guanahani en la actual Bahamas, ubicada en el archipiélago de Las Antillas. Luego recorrió el resto de las islas.

Los colonos aprendieron por medio de los indígenas taínos de Haití el uso medicinal de los árboles de Guayacán Real. Asumieron que nuestra resina curaba las llagas de bubas. Esto fue muy conveniente, porque dieron cuenta que éramos abundantes en Santo Domingo, San Juan Puerto Rico y en la costa Pacífica de América Central.

En su cuarto viaje el 25 de setiembre de 1502, Colón arribó a la costa Atlántica del Caribe de Costa Rica. Desembarcó en "Cariay", actualmente Cariari de Puerto Limón. Aquí obtuvo objetos hechos en oro por los indígenas, y promovió la idea "que nuestra costa era rica".

Con Europa plagada del mal francés o morbo gálico, se generalizó la idea que éste era un castigo divino, producto de la lujuria del hombre español que intimó con la mujer indígena, luego él se sumó al ejército francés y en su paso por países europeos diseminó la enfermedad.

Se especuló que la cura debería provenir del mismo lugar de origen. Esto dirigió la atención de los colonizadores hacia nosotros, los árboles de Guayacán Real. También se idealizó la gran fortuna que lograrían los mercaderes por llevar y vender el remedio que todos necesitaban. En Europa la enfermedad se estaba tratando con mercurio, sin embargo, los efectos colaterales del uso de este elemento químico serían peores que el mismo mal. Desde todo punto de vista era necesario cambiar la receta. Por eso tomaron la nefasta decisión de cortar los árboles de Guayacán Real para llevarnos hasta el epicentro de la epidemia. Tan buen recibimiento tuvimos en Europa, que nos transformamos en el idilio de todos. Nuestra madera llegó a ser sagrada. Bastaba con que un trozo de madera estuviera presente en la Iglesia, y con solo vernos o tocarnos la fe cumplía el efecto sanador.

Grandes embarcaciones vinieron desde el Viejo Mundo, exclusivamente para llevarnos hasta ellos. El bosque se transformó en un campo de batalla en el que toda la artillería estaba de lado del hombre, y el contrincante no opuso resistencia. Por varios decenios fisuraron la montaña, eliminándonos casi por completo. Así ocurrió el primer holocausto de mi especie.

Cincuenta años después el plan tramado se develó. "El *Lignum vitae* contrarrestaba algunas dolencias de la enfermedad, pero no curaba la sífilis".

Tal verdad llegó tarde para mi especie. Por primera vez estuvimos en peligro de extinción.

Capítulo 35

Súper árbol

El primer ferrocarril transcontinental de América y del mundo inició su construcción en Panamá en el año 1850, y quedó listo en el año 1855. Fue una obra civil monumental en esa época. En total setenta y siete kilómetros de línea ferroviaria, que van desde ciudad de Panamá en el océano Pacífico hasta la ciudad de Colón en el océano Atlántico.

En el año 1869 los Estados Unidos de América inauguran la ruta ferroviaria transcontinental de tres mil ciento tres kilómetros de longitud. A la fecha la red ferroviaria de los Estados Unidos supera los cincuenta mil kilómetros.

¿Qué tenemos en común los ferrocarriles y los Guayacanes Reales? La respuesta es "la línea férrea".

Los ingenieros que diseñaron y construyeron los primeros ferrocarriles, debieron considerar cuál sería el material ideal en dureza y resistencia a las inclemencias del tiempo, y al constante rodamiento sobre los que descansarían los rieles metálicos de la estructura del ferrocarril.

Más del 90% de las traviesas o durmientes de la vía férrea de Estados Unidos y Panamá están sustentadas con madera. Los desarrolladores de las obras usarían la madera más dura y resistente que el comercio les podía ofrecer. Debía ser una madera indestructible, sólida como roca y resistente al agua por siempre.

–¿Sabes cuál es el árbol número uno en esta encuesta? Sí, nosotros los Guayacanes Reales, el *Lignum vitae*.

–¿Te imaginas cuánta madera se requirió para completar las dos rutas que soportarían el tránsito de estas locomotoras?

Es inimaginable la gran cantidad de *Lignum vitae* utilizada en estas vías.

Costa Rica y todos los demás países de América construyeron rutas ferroviarias a finales del siglo XIX y en la primera mitad del siglo XX.

–Debes estar reflexionando acerca de la respuesta de la cantidad de madera de *Lignum vitae* usada. Con seguridad te adelantaste a pronunciar mi frase icónica. Te la comparto una vez más: Mi especie volvió a vivir en peligro de extinción.

Capítulo 36

USS Nautilus (SSN-571)

En los albores de los años cincuenta del pasado siglo la ingeniería naval del mundo estaba en sus mejores años de creatividad. Era la época crítica de la Guerra Fría y los dominios de los mares estaban en juego.

Algo grande y novedoso estaba por emerger. En el astillero de la empresa *General Dynamics Electric Boat* en Connecticut, se construía el primer submarino de propulsión nuclear de la Armada de los Estados Unidos, el USS Nautilus (SSN-571). Su construcción dio inicio el 14 de junio de 1952. Fue bautizado y lanzado al agua el 21 de enero de 1954.

Este prodigio naval se impulsa por medio de un reactor nuclear de agua a presión. Tiene capacidad en su interior para ciento dieciséis tripulantes. Llevaba seis lanzatorpedos, que a Dios gracias, nunca fueron utilizados. Realizó la hazaña de sumergirse y emerger después de recorrer sesenta mil millas marinas, equivalente a más de ciento diez mil kilómetros. Su mayor reto fue viajar mil seiscientos kilómetros sumergido a ciento cincuenta metros de profundidad bajo la capa de hielo del océano Ártico, para trasladarse desde el océano Pacífico hasta el océano Atlántico.

Lograr las hazañas de este monstruo marino es, sin duda alguna, tarea de un súper coloso, pues, debieron considerarse sus dimensiones de casi cien metros de largo, ocho metros de calado y nueve metros de manga, y más de seis mil metros cúbicos de capacidad y un peso de tres mil toneladas. Los ingenieros navales requirieron de los mejores materiales en sus estructuras de propulsión. Por eso los cojinetes de la bocina del eje principal de popa, donde ocurre una constante rotación y la mayor fricción para el movimiento de la hélice de impulso están hechos con nuestra madera, porque el aceite de guayacol que contiene la madera del *Lignum vitae* la mantiene siempre lubricada y no tiene afectación por el agua salada. La madera del *Guaiacum sanctum* tiene larga vida útil, es súper resistente a golpes y vibraciones, no requiere aceite, es de gran resistencia al desgaste por su baja fricción, es sólida como piedra indestructible, y muy conveniente porque requiere poco mantenimiento.

Por tanto, el rodamiento e impulso de este titán está en nuestras manos, mejor dicho, en nuestra madera. Miles de barcos y aviones militares y comerciales en el mundo portan cojinetes de eje principal hechos de madera de Guayacán Real. Hay certeza de la existencia de cojinetes de hélices de *Lignum vitae* en embarcaciones con más de cien años de uso, que siguen intactos y funcionando.

Capítulo 37

La sangre

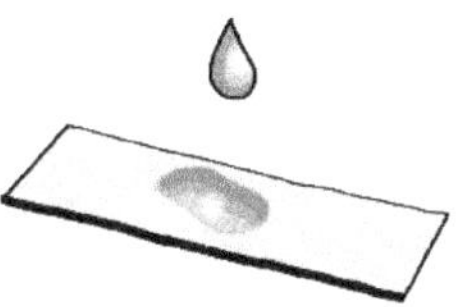

Esto le sucedió a una amiguita.

"Una noche le despertó un dolor agudo, que parecía ser parte del sueño que creía tener mientras dormía profundamente. En el estado intermedio entre el dormir y el despertar, al entreabrir los ojos, reconoció una molestia habitual. Instantáneamente llevó su mano al abdomen y acarició la zona donde se encuentra la vesícula. La sensación de dolor era semejante a la de eventos del pasado, por lo cual decidió sentarse en el borde de la cama, hizo memoria de los alimentos consumidos durante la cena, entre otros, un poco de tocino y bebida a base de leche. No le importó lo demás, pues, lo asoció con las grasas y el calcio que en anteriores ocasiones detonaron la misma molestia.

El ritual fue el mismo de antes. Levantarse y trasladarse a la cocina. Llenar un vaso con agua del grifo y tomarla lentamente a sorbos con la intensión de encontrar alivio.

Su abdomen se había dilatado causándole presión a otros órganos internos. El dolor subía de intensidad.

Informó a sus padres acerca de la molestia que sentía, y la llevaron a un Centro médico para realizarle un ultrasonido. Minutos después el veredicto era el temido.

Su vesícula tenía sales que se habían juntado, formando piedras que la llenaron completamente. El especialista médico les entregó el dictamen, y sugirió que hicieran los trámites para operarla con urgencia en un hospital.

Con documentos en mano la joven se trasladó al Centro de salud, y realizó los trámites administrativos para recibir el servicio. Son tiempos de pandemia por COVID-19 y debía esperar turno. El dolor se agudizó conforme pasaron las horas. Una amiga que laboraba en el Centro médico se le acercó, escuchó atentamente la condición de salud de la joven y procedió a ingresarla. Treinta minutos después fue valorada, le realizaron exámenes generales que confirmaron la presencia de piedras en la vesícula. Su condición era roja. Debía ser trasladada al hospital para intervenirla lo antes posible.

En cuarenta minutos la ambulancia recorrió setenta kilómetros. Llegó al hospital y le internaron en él. Varios pacientes en la misma condición estaban en lista de espera para ser intervenidos antes que ella. Se le aplicaron medicamentos, y le recetaron una dieta para bajar la inflamación abdominal.

Cuando estuvo lista fue intervenida quirúrgicamente y le extrajeron las piedras por medio de cirugía láser.

Se recuperó, le dieron de alta y volvió a casa.

En su hogar debía cuidarse y evitar hacer esfuerzo, pero cuatro días después sentía cansancio y debilidad. El color de su rostro y manos palidecían. Volvió al Centro de salud y le realizaron exámenes de sangre. Tenía un bajonazo del nivel de hemoglobina. Acto seguido, le realizaron la prueba para determinar sangrado digestivo. Aquí entramos los árboles de Guayacán Real. Las ciencias médicas nos han encomendado una prueba que tiene cien por ciento de efectividad para la detección de sangre en el sistema digestivo. La sustancia utilizada tiñe de color violeta los rastros de sangre.

La detección a tiempo de sangrados digestivos ha salvado la vida de millones de personas. El aceite de guayacol es el componente del 30% de la masa de nuestra madera, con él se produce la "prueba de guayaco".

Mi amiga tuvo la dicha de recibir una prueba de guayaco a tiempo. Su resultado indicó a los médicos que debía volver a ser intervenida para corregir el daño interno que causaba el sangrado digestivo.

–Como ven, somos agentes preventivos para diagnosticar y evitar males, que podrían, inclusive, ocasionar la muerte de un ser humano.

Después de su segunda intervención mi amiga quedó como toda una Guayacana Real.

Capítulo 38

Dos holocaustos

"El deseo de las personas por tener siempre lo mejor los ha hecho inescrupulosos y egoístas. Acumular y acumular es una costumbre que está en su ADN".

A mediados del siglo XX los países desarrollados estaban en auge de crecimiento industrial. La ingeniería aeronáutica y naval demandaban cada vez más *Lignum vitae*.

Los cojinetes para ejes de turbinas utilizados desde inicios de siglo XX en la producción de energía hidroeléctrica se hacían con *Lignum vitae*. Muchos de ellos aún están en funcionamiento.

Nuestra madera se usó ampliamente en el mundo para fabricar aisladores de corriente eléctrica. Además, tenemos la capacidad para sostener líneas eléctricas de largas distancia, con excepcionales tensiones, pesos y altas temperaturas.

Estábamos en los primeros lugares de las maderas preciosas del mundo. Por eso fuimos utilizados para decorar lujosas mansiones en forma de pisos, escaleras, áticos, azoteas, cielos rasos, marcos para ventanas y puertas, barandas, puertas, ventanas, portones, barreras, muebles internos, escritorios, bibliotecas, y un sinfín de otras estructuras.

Por estas y muchas más razones, en el año 1952 los comerciantes madereros visitaron a los dueños de las fincas cercanas al litoral Pacífico de La Cruz Guanacaste, para comprar los árboles vivos de Guayacán Real. Se acordó el precio y procedieron a cumplir el trato.

El señor Zacarías MacFarlane había llegado a La Cruz Guanacaste, contaba con veinticinco años para entonces. Vino contratado por los propietarios de las fincas.

MacFarlane llegó con un grupo de peones a cortar y trasladar los árboles hasta un predio en las fincas, luego el comprador los retiraría de ahí para llevarlos hasta el exportador a través de barcos, usando el extinto Puerto de Soley, cuyo muelle estaba construido con madera de Guayacán Real.

El trabajo duró más de dos años. Cortaron casi todos los Guayacanes Reales de Costa Rica. Se salvaron mis congéneres que vivían en las altas colinas y lugares inaccesibles para los humanos, y uno que otro Guayacán Real cuyo propietario de finca no habría participado en esta aniquilación.

A finales de los años setenta se realizó la tala de otra cantidad importante de *Lignum vitae* en las fincas de La Cruz Guanacaste.

Hay registro de una exportación de ciento un metros cúbicos de madera de *Guaiacum sanctum* en 1978. Considerando lo irregular de la dirección de nuestras ramas, y que nuestro tronco no es tan grueso, tal cantidad representa la tala de incontables árboles de Guayacán Real.

En los inicios de los años noventa, después de estas dos cruzadas, en Costa Rica se consideró casi extinta nuestra especie, pues, los árboles maduros de Guayacán Real (*Guaiacum sanctum, Lignum vitae*) no superaban los cien individuos.

Esto es más allá del peligro de extinción.

Capítulo 39

Árbol de La Cruz Guanacaste

Tali realizó una investigación acerca de la condición de amenaza de mi especie en Costa Rica, y en particular en el cantón de La Cruz Guanacaste.

En La Cruz Guanacaste vivimos la mayoría de los árboles de Guayacán Real de Costa Rica, pero la evidencia de campo indica que somos pocos los árboles supervivientes.

La pérdida del hábitat, la baja tasa de germinación, nuestro extremadamente lento desarrollo, y la mortalidad en nuestro primer año de vida, son factores que nos tienen totalmente amenazados a los *Guaiacum sanctum* en Costa Rica y el mundo.

Mi especie fue incluida en la "Veda de corte" por decreto del Ministerio de Ambiente y Energía (MINAE) en 1997, porque estamos en peligro de extinción en Costa Rica. La declaratoria de la "IUCN" en el año 2016 nos ubicó en el apartado "en peligro de extinción".

El 3 de marzo de 2017 Tali funda "Los hijos de Leo el Guayacán Real S.A." La registra en el Ministerio de Hacienda de Costa Rica en la actividad económica "Venta de árboles en pie. Árboles de reforestación".

Las acciones independientes de recuperación del Guayacán Real, entre ellas: el proyecto "Finca San Lorenzo" ubicado en Tempatal de La Cruz Guanacaste, y mi proyecto de reforestación y recuperación denominado "Los Hijos de Leo el Guayacán Real". Son dos proyectos que hacen a La Cruz Guanacaste el líder en la recuperación de mi especie, colaborando con el medioambiente en la reversión de los efectos del cambio climático, y aportando a la consecución de la carbono neutralidad del país.

A mediados de mayo Tali envió un documento para solicitar audiencia al Honorable Concejo Municipal de La Cruz Guanacaste, explicando su intención al máximo órgano administrativo de este cantón.

El primero de junio de 2017 Tali se presenta con su hermano Malcolm ante el Concejo Municipal para dar información acerca de mi proyecto. En el documento enviado con anterioridad, Tali les solicitaba la aprobación de cuatro declaratorias. En el turno de su comparecencia saludó a la señora presidenta del Concejo, Blanca Casares, y a los regidores: Marvin Tablada, Carlos Ugarte, Giselle Bustos y Florencio Acuña. Estas cinco personas tenían en sus manos la aprobación o reprobación de la solicitud. Además, se encontraba presente el señor alcalde, Junnier Salazar.

Tali explicó su intención con todo detalle y finalizó.

El señor Manuel Alan Fonseca, en calidad de Síndico, pidió la palabra y dijo: "No tenemos idea del alcance que tendrá este proyecto, es necesario darle el apoyo, porque los beneficios serán para el cantón de La Cruz Guanacaste".

A continuación, les muestro la resolución del Concejo Municipal de La Cruz Guanacaste.

09, junio 2017
Señor
Prof. Neftalí Mairena Corea
Los hijos de Leo el Guayacán Real S.A.
La Cruz Guanacaste

Para sus acuerdos y fines consiguientes me permito transcribirle el acuerdo 2-1, de la Sesión Ordinaria 21-2017, verificada por la Municipalidad de La Cruz Guanacaste, el día 01 de junio del año en curso y que dice:

Por unanimidad ACUERDAN: El Concejo Municipal de La Cruz Guanacaste, **declara** el Proyecto "Los hijos de Leo el Guayacán Real" como Proyecto Ecológico y Embajador de La Cruz Guanacaste. Así mismo se **declara** al árbol Guayacán Leo ubicado a 200 metros del Parque Central de la Ciudad de La Cruz, como "Patrimonio Natural de La Cruz", también se **declara** el apoyo bilateral entre la Municipalidad de La Cruz y el proyecto Los hijos de Leo el Guayacán Real, se **declara** al árbol de Guayacán Real como "Árbol cantonal de La Cruz Guanacaste", y por último se **declara** "el día primero de junio de cada año como el día del árbol de Guayacán Real en el cantón de La Cruz Guanacaste", todo lo anterior en el proyecto que lleva a cabo esta firma cuyo objetivo es la producción y reforestación de esta especie endémica de La Cruz y su distribución por toda Costa Rica y el mundo, para evitar su posible extinción, tomando en consideración que el cantón de La Cruz es uno de los cuatro que posee una cantidad importante de ejemplares vivos, jóvenes, longevos de Guayacanes Reales en Costa Rica. **ACUERDO DEFINITIVAMENTE APROBADO EN FIRME Y SE DISPENSA DE TRAMITE DE COMISION, CON 5 VOTOS A FAVOR (Blanca Casares Fajardo, Marvin Tablada Aguirre, Carlos Manuel Ugarte**

Huertas, Giselle Bustos Chavarría, Florencio Acuña Ortiz.)

Saludos Cordiales,

Lic. Carlos Miguel Duarte
Secretario Municipal.

Capítulo 40

¡Sálvame!

En el año 2016 la Unión Internacional para la Conservación de la Naturaleza (IUCN) nos ubicó a los *Guaiacum sanctum* en la categoría "en peligro de extinción".

La Convención sobre el Comercio Internacional de Especies Amenazadas de Fauna y Flora Silvestre (CITES) nos ubica en el Apéndice II CITES. Estados Unidos de América hizo la solicitud de trasladarnos al Apéndice I CITES (Amenazada y en peligro de extinción) dada la confusión con la especie *Guaiacum coulteri,* de la cual hay mayor cantidad y actualmente se comercializa su madera, sin embargo, somos dos especies diferentes.

En el año 1997 Costa Rica prohibió la tala del *Guaiacum sanctum* con el Decreto ejecutivo de Veda número 23700-MINAE. Medida atinada para frenar la comercialización de nuestra madera, de otra forma ya estaríamos extintos en este país.

En Costa Rica mi población está en serio riesgo. La reproducción natural es casi nula, y la tala ilegal está acabando con los pocos especímenes que quedamos. En el campo el ganado come nuestros retoños y sin la presencia de hojas morimos. Los terrenos usados para la siembra de alimentos son quemados, y los más chicos mueren.

Es urgente una nueva estrategia. No deben sembrarse árboles que no serán atendidos durante el verano. Es necesario que recibamos mantenimiento en la primera etapa de vida, por tanto, tenemos que mezclarnos con el ser humano en la ciudad, porque nuestro hábitat es cada vez menor.

En La Cruz Guanacaste mis hijos están siendo sembrados en escuelas, colegios, universidades, parques, instituciones públicas, hoteles, empresas, propiedades privadas habitadas, fincas con fines ornamentales, y fincas de conservación y recuperación de especies amenazadas.

Hemos encontrado amigos patrocinadores que cuidan a mis hijos en su temprana edad. Mi programa de patrocinio consiste en que tomes la decisión de adoptar a uno o varios de mis hijos, les pongas nombre, los colmes de cariño, los hagas parte de tu familia, los siembres y cuides hasta verlos crecer sanos, grandes y vigorosos. Así llegarán a ser reproductivos y se sumarán a mi causa aportando mis nietos para que el ciclo de vida sea perpetuo.

En el año 2030 cincuenta mil de mis hijos árboles (*Guaiacum sanctum, Lignum vitae*) habrán sido sembrados en Costa Rica por cincuenta mil patrocinadores con conciencia ambiental, ¿es acaso esta cantidad una pequeña parte de los que nos arrebataron en los holocaustos?

Tú puedes estar en cualquier parte del mundo y participar en nuestra recuperación. Tengo amigos patrocinadores que sembraron conmigo de manera virtual:

Desde los Estados Unidos: Julie Beck, Alicia Esparza y Patricia Colón.

De Japón, Milagros Noguchi.

Desde Alemania, Giovanna Hinton y Osvaldo Romano.

En Panamá, Marylin Rodríguez.

De España, Aydeé Núñez.

En Italia, Erika Zurbaran.

Desde Uruguay, Niza Todaro.

Y muchos más que próximamente se unirán a esta causa.

Cuento contigo, amigo que me lees. Para ti hemos escrito este libro.

Te regalo mi frase de batalla: "¡Tú puedes salvarnos del peligro de extinción: sé un patrocinador!".

Capítulo 41

Los hijos de Leo

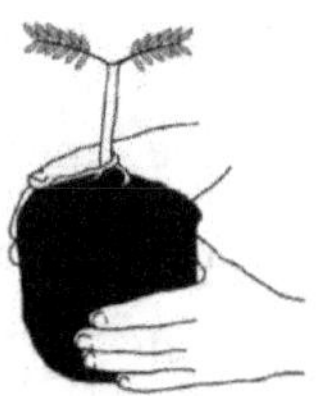

Diez de entre miles de historias de mis hijos: "Los hijos de Leo el Guayacán Real".

Cotepro, Timchw, Octavio, Marquitos y Antonio.

En el mes de octubre de 2017 mi amigo Alan Montoya, Regente ambiental de la empresa EPR, conoció mis hijos por casualidad.

El ingeniero forestal Alan Montoya se sorprendió de ver a más de treinta de mis hijos en el salón del restaurante Pizza Café La Cruz. Curioso de muchas preguntas abordó a Tali. Después de saberlo todo, decidió de inmediato que su representada, la Empresa Propietaria de la Red, EPR (la encargada del mantenimiento de la red eléctrica en toda Centroamérica), se haría nuestra patrocinadora.

Una semana después volvió Alan, listo para sembrar a mis hijos. Habíamos solicitado con antelación a los directores de las instituciones educativas de La Cruz Guanacaste, el permiso de ingreso y la presencia de estudiantes durante la siembra de mis hijos.

El primero en ser sembrado fue mi hijo Cotepro. Ese fue el nombre que le dieron los estudiantes del Colegio Técnico Profesional de Barrio Irvin. A estos estudiantes se les dio inducción acerca de mi especie, y la urgencia de cuidarnos bien, porque estamos en peligro de extinción.

Hicimos un ritual de siembra con ellos. Alan les habló de la responsabilidad del ser humano y de las empresas en la recuperación del medioambiente. Tali y su hermano Malcolm hablaron acerca de mi proyecto.

Cuatro años después de su siembra, mi hijo Cotepro, es un árbol muy querido en el CTP de Barrio Irvin.

Muchos estudiantes conocieron por primera vez un árbol de Guayacán Real, el árbol cantonal de su comunidad.

En la escuela Salvador Villar Muñoz de La Cruz Guanacaste sembramos a mi hijo "Timchw". Su nombre es el resultado de la unión de la primera letra del nombre de los seis estudiantes que participaron en su siembra.

Timchw fue sembrado a un costado del ingreso principal de la escuela. Un año después se construyó en ese lugar el área de espera de estudiantes y padres de familia. Lo tuvimos que trasladar hacia la zona verde. Ahí se sintió tan bien que ha crecido el doble de tamaño.

Por la tarde se trasladaron al Liceo Experimental Bilingüe de La Cruz Guanacaste. Fueron recibidos por estudiantes de octavo año. Los adolescentes sabían que tenían la responsabilidad de cuidar a mi hijo, por tanto, se apropiaron de él bautizándolo con el nombre de Octavio.

Octavio es muy conocido en esa institución. Un mensaje en Facebook de una profesora a otra dice:
—Los chiquillos están cuidando del árbol.
La otra profesora respondió:
—Sí, al famoso Octavio.

Actualmente la profesora Grettel Vargas se hace cargo del mantenimiento de Octavio.

Mi hijo Marquito es un árbol precioso. Viajó hacia Turrialba de Cartago sembrado en una vasija de barro hecha por "la última locera de La Cruz Guanacaste", mi amiga de ochenta y cinco años, Flora Cano Silva. Le apodaron Marquito en memoria de un colaborador de la empresa EPR, que recientemente había fallecido. Marquito estaba en la sala de espera de la empresa, muy guapo se veía, pero no le gustó el ambiente y empezó a deteriorarse. Alan tomó la decisión de ponerlo al aire libre. El "agente de seguridad" le dio cariño y cuidados, y se recuperó.

Tiempo después Tali le preguntó a Alan por Marquitos. Su respuesta fue:
—Marquitos se fue de la empresa. El guarda de seguridad que lo cuidaba dejó de trabajar con nosotros y se lo llevó con él.
Alan sonrió y finalizó diciendo:
—Nadie lo va a cuidar mejor que él.

Alan Montoya quiso compartir estas experiencias con sus colegas de la Escuela de Ciencias Forestales del Instituto Tecnológico de Costa Rica (el alma máter de los profesionales forestales en Costa Rica). En la cita a cuatrocientos kilómetros de distancia nos acompañó el señor alcalde de La Cruz Guanacaste, Junnier Salazar. La presencia de la mayor autoridad del cantón de La Cruz Guanacaste le dio carácter oficial a nuestra presentación.

Mi amigo Raúl Trejos nos acompañó en esa cita. Trejos informó a la audiencia acerca de mi hijo, un árbol que él patrocina y que lleva por nombre "Baloo" (en referencia al oso cariñoso amigo de Mowgli). Raúl estaba acompañado por su esposa Olga y su hija Camila. Mirando tiernamente a su hija, Raúl dijo:

–Baloo es un gran chineado. Mi hija lo bautizó con ese nombre, porque yo soy su osito.

Mi hijo Antonio fue sembrado esa tarde al frente del edificio de la Facultad. Lleva ese nombre en honor a mi gran amigo peruano, el ingeniero agrícola Antonio Leigh, un gran colaborador y reforestador de Guayacanes Reales y muchas otras especies en Costa Rica.

Alan Montoya realizó un informe para "EPR Centroamérica" acerca del patrocinio de Los hijos de Leo el Guayacán Real. Tú puedes leerlo en mi página de Facebook abriendo el siguiente código QR.

Un condominio para ciento cincuenta hijos de Leo

En Julio de 2018 la desarrolladora inmobiliaria Costa Elena hizo la presentación de sus nuevos condominios, construidos cerca de la zona costera de La Cruz Guanacaste.

Mi amiga y patrocinadora Julie Beck, fiel a su política de "desarrollo con conciencia ambiental", sugirió a los ejecutivos de la empresa Costa Elena dar a los invitados un presente exclusivo de la zona de La Cruz Guanacaste. ¿Qué mejor que un árbol cantonal de La Cruz Guanacaste? Sí, se decidieron por mis hijos. Por tanto, los vistieron de etiqueta con una bolsa de hilo del árbol de majagua, hecha a mano por el artesano y pajarero Enrique López y su esposa.

El día de la presentación en el Hotel Intercontinental en San José, la decoración causaba la sensación de estar en una casa de la bajura guanacasteca en medio del Bosque tropical seco. Grandes fotografías de árboles de Guayacán Real se mostraban en las paredes. Depositados estratégicamente entre la decoración estaban ciento cincuenta de mis hijos. El eslogan de la actividad estaba impreso en letras blancas sobre las fotografías y decía: "Bienvenidos a: Un destino que celebra la responsabilidad ambiental".

De esta forma la empresa Costa Elena se hizo patrocinadora de mis hijos, colaborando con el rescate de mi especie, y cumpliendo con su programa de responsabilidad social y ambiental empresarial.

El siguiente año Tali se fue de gira para llevar algunos de mis hijos que serían patrocinados en la capital. Visitó la Asociación Costarricense de Bonsái y ahí conoció a un asistente al evento de Costa Elena, José Daniel Miranda.

Él recibió uno de mis hijos la noche del evento de Costa Elena y lo bautizó con el nombre "Moisés".

Moisés guiará a mis nietos a la tierra prometida. Actualmente crece satisfactoriamente en San José, capital de Costa Rica.

Ágape: el amor más grande

Conocí a mi amiga patrocinadora Gemma Céspedes en marzo de 2019.

Gemma y yo tuvimos desde el primer día una linda comunión. Desde entonces estamos presentes en nuestras oraciones, sueños y vida.

El 15 de marzo de 2019 Gemma sembró a uno de mis hijos en "Guayabo de Bagaces en Guanacaste". Le bautizó con el nombre "Ágape", y lo dedicó a sus padres en la celebración de sus bodas de oro: "cincuenta años de amor puro e incondicional". Producto de ese amor vinieron al mundo dos hijos: Gemma y Wilson Céspedes Sibaja.

Don Gerardo Céspedes y su esposa Marielos Sibaja cuidan a mi hijo Ágape con el mismo amor que se juraron en marzo de 1969.

Neftalí

El 3 de enero de 2018 recibí la visita de un amante de los árboles, mi querido amigo Rey Castro.

Rey viajó cuatrocientos kilómetros de distancia, exclusivamente para conocerme. Ese día Rey acompañado de su esposa y sus dos hijos, guiados por Tali se fueron "de tour con Leo", en un recorrido por la tierra de los árboles de Guayacán Real en la costa Pacífica de La Cruz Guanacaste. Visitaron los árboles centenarios que he mencionado en este libro.

Rey Castro es un aficionado del bonsái. Se hizo patrocinador de mi pequeño hijo, a quien llevó sembrado desde La Cruz Guanacaste hacia Cartago, en una vasija de barro hecha por la alfarera Flora Cano Silva.

En reconocimiento a su amistad y al trabajo que hace Tali conmigo y mis hijos, bautizó a mi hijo con el nombre "Neftalí".

Mi hijo Neftalí es uno de los mimados de la colección de árboles bonsái de Rey Castro Ortiz.

Margarita, hija de Leo

Este es el relato de una parte de la vida de mi amiga, y amiga de todos en La Cruz Guanacaste, Margarita Salas.

Margarita nació en San José el 1 de abril de 1971. La tercera de diez hermanos. Hija de padres comerciantes que aseguraban que el estudio era la herencia familiar, pues, la educación era una inversión.

Fue una estudiante de excelencia. Ella y dos de sus hermanos son doctores en farmacia. Después de graduarse trabajó tres años en la cadena de tiendas Farmacia Fischel. Vino a La Cruz Guanacaste en el año 2006 con el doctor Armando, su amigo y compañero de la universidad.

Fue pionera al abrir la primera farmacia en La Cruz Guanacaste, porque descubrió que era estrictamente necesaria para las personas que viven en los pequeños pueblos rurales. Uno de sus hermanos había venido a La Cruz Guanacaste en los años noventa, y le recomendó a Margarita que no invirtiera en este pueblo. Sin embargo, sus padres le inculcaron a Margarita el servicio al prójimo, y eso primó en su decisión.

Una vez abierta la farmacia hizo trueques con sus clientes, intercambiando sus servicios profesionales y medicinas por granos básicos, pescado y otros productos. Daba crédito a todo aquel que lo requería. Se hizo común pagarle en abonos y sin intereses. Saludaba a sus clientes y amigos con la frase: ¡Hola, señorita! y ¡Hola, señorito!

En el año 2010 le detectaron cáncer de ovario, y fue operada con éxito, aunque le provocó el desarrollo temprano de la diabetes.

En el año 2012 compró casa en La Cruz Guanacaste, y tomó la decisión de hacerse cruceña cambiando de residencia electoral del cantón de Heredia al cantón de La Cruz Guanacaste.

Conoció a su gran amor en 1992 durante la época de colegio. Él llegó a Costa Rica en ese año, pues, era inmigrante. Luego él cambió de país y se estableció en los Estados Unidos. Veinticuatro años después, en el año 2016 fue invitado a una boda en el "Hotel Dreams Las Mareas" en La Cruz Guanacaste, misma a la que Margarita también fue invitada. El premio mayor con probabilidad de uno en un millón cayó cuando volvieron a encontrarse. Él renunció a su trabajo en los Estados Unidos, regresó por ella a La Cruz Guanacaste y se casaron.

El 10 de octubre de 2020 Margarita dio positivo a COVID-19. El 14 de octubre es internada en el Hospital de Liberia. El lunes 19 de octubre es trasladada en estado crítico al Hospital Calderón Guardia. El sábado 31 de octubre a las cinco con cincuenta y tres minutos de la tarde fallece nuestra amada Margarita.

El último mensaje de Margarita a su hermano Pedro dice: "Si me pasa algo, cuida a Carlos, por favor".

Después de su muerte, la farmacia de Margarita estuvo en peligro de extinción, pero su hermano, el doctor Pedro Salas, se hizo cargo, y les recomendó a sus hermanos continuar con el legado de Margarita en La Cruz Guanacaste. El nombre de la Sociedad propietaria de la farmacia cambió después de su partida, ahora se llama "Las Margaritas de La Cruz S.A.", en memoria de la doctora Margarita Salas Arce y de su madre Margarita Arce.

Para el recuerdo de Margarita Salas Arce dedicamos una de mis hijas, la cual sembramos diagonal a su farmacia, en la esquina sureste de la Municipalidad de La Cruz Guanacaste. Al pie donde se izan las banderas de Costa Rica, Guanacaste y La Cruz, reza una leyenda que dice: "¡Hola, señorita y señorito! Dra. Margarita Salas, Los hijos de Leo el Guayacán Real, La Cruz Guanacaste, Costa Rica, 31-10-2020".

La memoria de Margarita Salas Arce se perpetuará por mil años a través de mi hija. Al igual que nuestra querida doctora, mi hija Margarita cuando crezca estará al servicio de los hombres y mujeres que busquen su sombra y seguridad.

Capítulo final

Costa Rica

Yo, Leo el Guayacán Real, soy un árbol del mundo. Tico de nacimiento.

Costa Rica es un país de hombres y mujeres libres, y sin ejército. Aquí la prioridad es la educación, la salud y el desarrollo económico con conciencia ambiental.

La apuesta de Costa Rica para un futuro sostenible le valió el premio "Campeones de la Tierra" en el año 2019, en el apartado de liderazgo político. Galardón creado para destacar el impacto positivo sobre el medioambiente. El 26 de Setiembre el señor presidente de Costa Rica, Carlos Alvarado Quesada (quien posee uno de mis hijos desde el año 2018), recibió en representación de todos los ticos el premio que otorga las Naciones Unidas.

Costa Rica ha hecho grandes esfuerzos para la protección de su naturaleza, comprometiéndose con políticas ambiciosas para combatir el cambio climático. Estas decisiones se han tomado desde setenta años atrás y se concretarán en el año 2050.

Actualmente el 99% de la energía es producida con fuentes renovables. Poseemos una cobertura boscosa superior al 52%, y más del 25% del territorio nacional está dedicado a las Áreas Silvestres Protegidas.

En el año 1999 el Área de Conservación Guanacaste recibió la declaratoria de "Sitio patrimonio natural de la humanidad". Está dedicada a la conservación del Bosque tropical seco. Habitan en esta Área de conservación: 335 mil especies terrestres, que representan el 65% de las especies en Costa Rica y el 2,5% de las especies en el mundo, sin tomar en cuenta las miles de especies marinas. Más del 50% del territorio de La Cruz Guanacaste está ubicado en el Área de Conservación Guanacaste.

El 4 de mayo de 2018 los vecinos de los pueblos de Puerto Soley, El Jobo, y Cuajiniquil de La Cruz Guanacaste, convirtieron 732,1 hectáreas de la Bahía Santa Elena en la nueva "Área Marina de Manejo", dedicada a la conservación de la vida marina, el aprovechamiento sostenible de los recursos, el turismo y la recreación. En esta Área marina vienen a reproducirse: tortugas, delfines, ballenas, rayas y hasta el tiburón ballena declarado en peligro de extinción.

El 23 de noviembre de 2017 el entonces presidente de Costa Rica, Luis Guillermo Solís Rivera, invitado por el señor alcalde, Junnier Salazar, vino a La Cruz Guanacaste para ser patrocinador de uno de mis hijos, el cual sembró en el Parque central de esta comunidad. En gratitud a la solidaridad de la comunidad cruceña y de toda Costa Rica, por albergar y dar apoyo a hermanos de otros países, y al esfuerzo de los habitantes de este país para lograr un mejor desarrollo social, económico y ambiental, don Luis Guillermo Solís bautizó a mi hijo con el nombre "Costa Rica".

Hoy 22 de abril de 2021 se celebra el "Día Internacional de la Madre Tierra". Los árboles de los bosques sostenemos la vida en el planeta, pero cada año se deforestan diez millones de hectáreas de bosque en el mundo. Por ello más de un millón de especies de plantas y animales estamos en peligro de extinción.

La ausencia de miles de millones de árboles genera altas temperaturas, y la presencia de huracanes e inundaciones catastróficas cada vez más comunes. La salud del ecosistema mundial está estrechamente relacionada con la aparición y distribución de la pandemia de COVID-19.

Es tiempo de actuar. Tú, entre siete mil ochocientos millones de personas puedes hacer la diferencia, no importa donde te encuentres en el mundo, patrocina la siembra de uno de mis hijos de forma virtual para salvar a mi especie, a millones de otras especies, a la raza humana y al planeta Tierra.

Cuando te decidas a visitar Costa Rica debes seguir tu brújula, ella guía tu norte y te traerá a La Cruz Guanacaste. Rescata a mi especie a través del patrocinio de la siembra de uno de mis hijos, y disfruta de la cantidad de opciones que te ofrecemos para que tengas las mejores experiencias del turismo rural del mundo. Una vez que vivas con nosotros inolvidables momentos, podrás decir con certeza, que: "En Costa Rica: La Cruz Guanacaste es tu norte".

Por hoy me despido de ti, y ten presente mi frase de batalla: "¡Tú puedes salvar al árbol de Guayacán Real del peligro de extinción: sé un patrocinador!".

Tu amigo Leo, el árbol de Guayacán Real de La Cruz Guanacaste en Costa Rica.

Acerca de Neftalí Mairena

Nació en Managua, Nicaragua. Su familia afectada por el terremoto de Nicaragua se estableció el 25 de diciembre de 1972 en La Cruz Guanacaste, Costa Rica. Es el menor de siete hermanos.

Cursó primaria y secundaria en La Cruz Guanacaste. A la edad de dieciséis años dejó este pueblo, y se trasladó a la capital San José para estudiar y trabajar.

A los dieciocho años inició labores en empresas de Artes Gráficas, dedicándoles catorce años. En el año 2000 regresó a La Cruz Guanacaste.

Trabajó como ejecutivo de ventas de productos gráficos para Costa Rica y Nicaragua.

Estudió Enseñanza de las Ciencias Naturales en la Universidad Estatal a Distancia.

Del 2002 al 2008 laboró para el Ministerio de Educación Pública como profesor y administrador educativo.

En 2008 abrió Pizza Café La Cruz.

En 2012 con un grupo de comerciantes fundó la Cámara de Comercio y Turismo de La Cruz Guanacaste, con el fin de impulsar las actividades comerciales de esta comunidad. Fue el primer presidente.

En el año 2013 me dio personalidad, transformándome en "Leo el Guayacán Real" y así inició sus investigaciones acerca de mi especie.

En 2017 fundó mi proyecto comercial de recuperación y reforestación: "Los hijos de Leo el

Guayacán Real S.A.". Solicitó cuatro declaratorias al Concejo Municipal de La Cruz Guanacaste y le otorgaron cinco.

Está entregado en cuerpo y alma al objetivo de devolvernos a los Guayacanes Reales a "la gloria de tiempos pasados".

Es esposo y padre de dos hijas.

Aficionado a la investigación. Actualmente estudia Administración Educativa en la Universidad Estatal a Distancia.

Es mi gran amigo y confidente.

Atentamente, Leo el Guayacán Real

Agradecimientos

A Dios, por todo. A mis padres, por la vida. A mis hermanos, por mantenernos unidos. A mis suegros, por su hija. A mi esposa, por mis hijas. A mi hija Laura, por mis tres nietos. A mi hija Luci, por los dibujos digitales de este libro. A Leonardo Mora Briceño, por cuidar de Leo, el árbol de Guayacán Real. A mi cuñado (el niño), por recorrer con Leo las tierras de La Cruz Guanacaste y vivir juntos las experiencias aquí narradas. A mi hermano Malcolm Mairena, mi mano derecha en esta odisea. A Milagros Noguchi en Japón, por el diseño de la portada. Al Concejo Municipal de La Cruz Guanacaste, por la aprobación de las cinco declaratorias. Al pueblo de La Cruz Guanacaste, por apoyarme desde el primer día. A las empresas patrocinadoras, por salvar a muchos hijos de Leo. A todos los patrocinadores, por hacer parte de su familia a los hijos de Leo el Guayacán Real. Al Estado costarricense, por mi educación y las oportunidades. A los viejos y nuevos amigos, por ser personas especiales. A los que leen este libro, por darme su valioso tiempo. A los futuros patrocinadores de Los hijos de Leo el Guayacán Real en todo el mundo, mi eterno agradecimiento por decidirse a salvar al árbol de Guayacán Real del peligro de extinción.

Gracias a todos por su fina atención.

Neftalí Mairena Corea

La Cruz Guanacaste, Costa Rica

22 de abril de 2021

Conócenos y contáctanos

Neftalí Mairena Corea

Los Hijos de Leo el Guayacán Real

"Proyecto de recuperación y reforestación

del árbol de Guayacán Real, en peligro de extinción"

Guaiacum sanctum – Lignum vitae

La Cruz Guanacaste, Costa Rica.

Alicia Esparza, Texas, USA

Niza Todaro, Montevideo, Uruguay

Giovanna Hinton, Múnich, Alemania

Alan Montoya, EPR, Centroamérica

José Miguel Cruz (JM), San José, Costa Rica

Rodrigo Chaves. Presidente de Costa Rica

www.ingramcontent.com/pod-product-compliance
Lightning Source LLC
Chambersburg PA
CBHW061805250726
48657CB00001B/293